# 人工智能教育 第六册

# 人工智能与大数据

谢 浩 纪朝宪 主编

清华大学出版社
北京

# 内 容 简 介

本书以迎接智能时代为主题,重点关注了大数据、奇妙的算法、机器视觉、智慧语音、智能交互系统与自主无人系统等人工智能相关内容。使读者在体验人工智能相关应用的同时,提升对智能技术发展的敏感度与智能社会的适应性,思考人工智能技术为人类社会带来的机遇和挑战。本书共四个单元,分别为数据赋能智慧生活、智能仓储、智能感知、迎接智能时代。

本书适合作为小学高年级的教材或辅助资料,也可供小学科技教师参考。

**图书在版编目(CIP)数据**

人工智能教育 . 第六册,人工智能与大数据 / 谢浩,纪朝宪主编 . —北京:清华大学出版社,2023.2
ISBN 978-7-302-62762-3

Ⅰ . ①人… Ⅱ . ①谢… ②纪… Ⅲ . ①人工智能 – 小学 – 教学参考资料 Ⅳ . ① G633.672

中国国家版本馆 CIP 数据核字(2023)第 031797 号

责任编辑:白立军
封面设计:刘 乾
责任校对:申晓焕
责任印制:丛怀宇

出版发行:清华大学出版社
  网   址:http://www.tup.com.cn, http://www.wqbook.com
  地   址:北京清华大学学研大厦 A 座      邮   编:100084
  社 总 机:010-83470000            邮   购:010-62786544
  投稿与读者服务:010-62776969, c-service@tup.tsinghua.edu.cn
  质量反馈:010-62772015, zhiliang@tup.tsinghua.edu.cn
印 装 者:三河市龙大印装有限公司
经   销:全国新华书店
开   本:185mm×230mm    印 张:7    字 数:76 千字
版   次:2023 年 4 月第 1 版    印 次:2023 年 4 月第 1 次印刷
定   价:49.00 元

产品编号:099163-01

# 出 版 说 明

2017 年 7 月，国务院发布《新一代人工智能发展规划》，要求在中小学阶段设置人工智能相关课程，逐步推广编程教育。2018 年 1 月，教育部正式将"人工智能"纳入《普通高中信息技术课程标准（2017 年版）》。人工智能进入校园，为学生的个性化发展而设计人工智能课程，受到教育界的高度关注。2022 年 4 月，教育部发布了义务教育阶段课程方案和各课程标准。在本次课程改革方案中，"信息科技"成为全国统一开设的独立课程科目，而人工智能技术是"信息科技"的重要内容。

本套书致力于开展人工智能普及教育，重点培养学生的理性思维、批判质疑精神和研究、创新能力，引导学生在掌握人工智能基本知识的同时，认识到人工智能在信息社会中发挥着越来越重要的促进作用，能够根据需要运用人工智能技术解决生活与学习中的问题，逐步成为信息社会的积极参与者。通过本套书的学习，学生能够获得人工智能的基本知识、技能、应用能力，以及相关的意识、伦理等方面的培育，在运用人工智能技术解决实际问题的过程中，成长为具有良好的信息意识与计算思维，具备数字化学习与创新能力以及信息社会责任感的未来公民。在编写过程中，除了聚焦人工智能信息素养的培育，还关注培养学生中国优秀传统文化与道德情感。例如，《人工智能教育（第二册）人工智能伴我游》以游览故宫为主线，通过古代文化与现代科技的融合，培养学生的爱国意识与文化自信。

依托北京师范大学"国家青少年 STEAM 教育体系建设及应用实践研究"课题的重要成果，本套书在编写过程中还参考了《义务教育信息科技课程标准（2022 年版）》《普通高中信息技术课程标准（2017 年版）》《中小学人工智能课程开发标准（试行）》等政策文件和行业标准，结合教学实际情况，由一线教师编写。

　　本套书的学习内容均来自学生真实的生活场景，以活动贯穿，以问题引入，运用生动活泼、贴近生活的案例进行概念阐述。其中，每单元的开头设置明确的学习目标，目标先行，以终为始，教师和学生可以根据目标安排学习进度，设定预期的学习结果。

　　本套书注重结合小学生的学习特点与教育规律，避免了单纯的知识传授与理论灌输。编写过程中构建了图图、灵灵、小智和 AI 小博士四个主人公，围绕他们在学校、家庭、社会中的所见所闻展开学习活动，具有亲切感。采用体验式学习、项目式学习与探究性学习，在阐述概念和理论的基础上，设置了聪明的大脑、AI 大挑战、准备好了、奇思妙想、大显身手、我的小成就、AI 爱创新等栏目。

| 图图 | 灵灵 | 小智 | AI 小博士 |

　　聪明的大脑——旨在培养学生爱思考、善发现的学习习惯，在生活中能够发现问题、提出问题。

　　AI 大挑战——把问题转化成挑战性任务，明确要学习的目标。

　　准备好了——为解决问题、挑战任务做好硬件、软件准备。

奇思妙想——为解决问题而先行设计，提出解决方案，培养设计思维和工程思维。

大显身手——主要是解决问题环节，提供具体的解决方案。

我的小成就——为学生提供展示与交流的机会，秀出自己的劳动成果。

AI 爱创新——在原有基础上拓展与创新，培养学生的创新意识与不断进取的精神。

本套书共六册。每册有不同的主题：第一册为走近人工智能，第二册为人工智能伴我游，第三册为生活中的人工智能，第四册为人工智能服务，第五册为人工智能与社会，第六册为人工智能与大数据。

参与本套书编写工作的教师均来自信息技术、通用技术、科学课程的教学一线，具有丰富的教育教学经验。他们对本套书的内容选择、展现形式、学习方式、组织实施、评价交流等都提出了很多宝贵的建议，部分内容还经历了多轮教学实验，从而保证内容的实用性和科学性。各册具体编写人员如下：

《人工智能教育（第一册）走近人工智能》

冯天晓　郑晓　姜凤敏　强光峰　朱燕娟　恽竹恬

《人工智能教育（第二册）人工智能伴我游》

李作林　温天骁　何玲燕　姜凤敏　朱燕娟　侯艺馨

《人工智能教育（第三册）生活中的人工智能》

杨玉春　霍俊飞　郝红继　傅悦铭　彭玉兵　张凯

《人工智能教育（第四册）人工智能服务》

王海涛　刘长焕　王晓龙　何玲燕　曹善皓　杨书恒

《人工智能教育（第五册）人工智能与社会》

孙洪涛　苏晓静　彭慧群　纪朝宪　孔伟　王栋

《人工智能教育（第六册）人工智能与大数据》

谢浩　纪朝宪　郑晓　李葆萍　恽竹恬　苏晓静

本套书适合小学阶段各年级学生、家长和一线教师阅读使用，要求亲自动手验证本套书中的内容，感受人工智能技术给人们生活带来的美好。

本套书得以完成，得益于清华大学出版社孙宇副社长、白立军编辑、杨帆编辑等工作人员的大力支持和帮助，以及北京师范大学人工智能学院、中国人民大学附属中学、中国海洋大学、山东省学前教育中心等单位提供的专业支持，在此表示衷心的感谢！同时还要感谢网易有道、邦宝益智对本套书提供的内容支撑和应用场景支持。

囿于作者能力，本套书难免存在不完善甚至错误之处，敬请广大读者批评指正。

2023 年 1 月

# 前　言

　　智能时代是智慧融入物理世界的新时代。现在的人们正处于从信息时代向智能时代过渡的阶段。本书以迎接智能时代为主题，重点关注了大数据赋能智慧生活、人工智能在智能仓储方向的创新发展、机器视觉和智慧语音等智能感知、迎接智能时代中的智能交互系统与自主无人系统等人工智能相关内容。

　　本书的主旨在于提升学生对智能技术发展的敏感度与智能社会的适应性，提高参与社会的能力；引导其思考人工智能技术应用过程中个人与社会的关系，思考智能技术为人类社会带来的机遇和挑战，履行个人在智能社会中的责任和义务。

　　全书共四个单元。

　　第一单元——数据赋能智慧生活。互联网出现后，人类开始进入"数据爆炸"的时代。大数据作为人工智能的关键技术，在生活中的大量应用促进了产品不断创新，生产效率的不断提高创造了新型生活模式。本单元将从数据处理、计算力发展及大数据应用方面出发，从不同角度了解和认识人工智能。

　　第二单元——智能仓储。在工业 4.0 时代，客户要求高度个性化，产品创新周期缩短，生产节拍不断加速。新兴智能技术包括物联网、大数据、人工智能等信息技术，这些技术进一步发展改善了仓储物流运作流程，提高了仓储技术装备的柔性化应用水平，降低了物流成本。本单元将从奇妙的算法、智能跟随及智能物流等方面出发，使读者在了解智能仓储的过程中体会人工智能的应用。

　　第三单元——智能感知。未来的智能系统应该具备形形色色的智能感知系统，具有智能化水平更高的机器视觉、听觉、触觉和嗅觉，并更具有相当发达的"大脑"学习机制和推理机制。这种智能机器人能够完全理解人类语言，应该根据感知信息进行智能判断和分析，形成和人类非常相似的感知模式。本单元将从机器视觉、智能感知、智慧语音等方面出发，了解人工智能的重要方向——智能感知技术。

第四单元——迎接智能时代。智能时代是智慧融入物理世界的新时代，利用 5G、物联网、云计算、大数据等技术，将人类智慧融入物理系统，从而使一切都智能化。本单元将从人机共存、智能交互系统、自主无人系统等方面出发，介绍人工智能的发展及未来趋势。

作　者
2023 年 1 月

# 目　录

# 第一单元

# 数据赋能智慧生活

## 学习目标

（1）了解人工智能发展的基础技术，发展大数据思维。

（2）针对简单的问题，有意识地采集数据并分析数据中所承载的信息。

（3）了解计算力的发展过程，提高信息社会中的责任意识。

（4）能够辩证地看待大数据技术带来的利弊，提高信息保护意识。

互联网出现后，人类开始进入"数据爆炸"的时代。有资料统计，整个人类文明所获得的全部数据中，大部分是在最近两年中产生的。市场研究资料显示，全球数据总量将从 2016 年的 16.1ZB 增长到 2025 年的 163ZB，十年内将有 10 倍的增长。大数据作为人工智能的关键技术，在生活中的大量应用促进了产品不断创新，生产效率的不断提高创造了新型生活模式。

本单元将从数据处理、计算力发展及大数据应用方面出发，从不同角度介绍人工智能。图 1-1 所示为工业大数据及应用。

图 1-1　工业大数据及应用

# 第一课　数据处理

在课外的社会实践中，图图和同学们一起参观了当地的新能源汽车公司，技术人员介绍到新能源汽车已经开始进入数字化时代，要对新能源汽车的各个方面的运行数据进行采集和监控，这些数据犹如巨大的矿产资源，为新能源汽车的发展提供数据支持。图 1-2 所示为新能源汽车。

图 1-2　新能源汽车

## 聪明的大脑

随着互联网不断渗透到各行各业，大数据、云计算及人工智能等前沿技术为各行业带来全新的变化。在新能源汽车生态中，数据已经是新的发展点上最重要的资产，例如围绕新能源汽车使用习惯相关数据进行分析和研究，为行业的发展提供了精准的数据支持。新能源汽车使用习惯相关数据分析如图 1-3 所示。

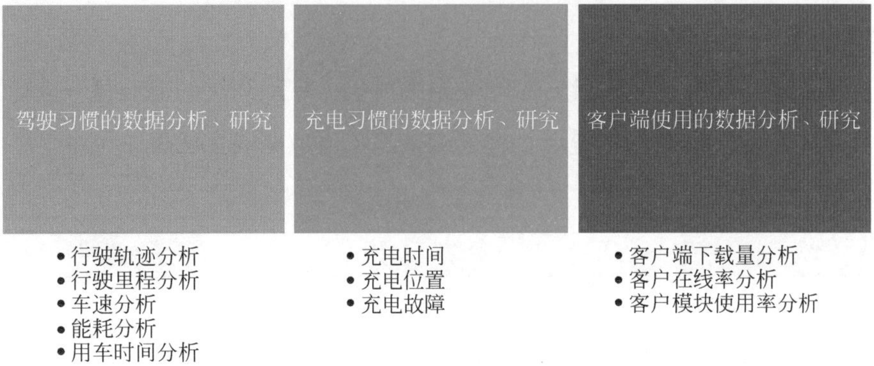

| 驾驶习惯的数据分析、研究 | 充电习惯的数据分析、研究 | 客户端使用的数据分析、研究 |
| --- | --- | --- |
| ● 行驶轨迹分析<br>● 行驶里程分析<br>● 车速分析<br>● 能耗分析<br>● 用车时间分析 | ● 充电时间<br>● 充电位置<br>● 充电故障 | ● 客户端下载量分析<br>● 客户在线率分析<br>● 客户模块使用率分析 |

图 1-3　新能源汽车使用习惯相关数据分析

> 　　图图在参观过程中了解到原来"数据"可以做这么多事情，但对于如何准确地理解"数据"，以及如何来处理数据信息，图图有一些疑惑。

## AI 大挑战

任务一：认识数据

### 1. 数据的概念

我们身边到处都是数据，很多同学听到"数据"这个词会直接联想到"数字"，但数据不仅指狭义上的数字，还可以是具有一定意义的文字、字母、数字与符号的组合。

数据是指对客观事件进行记录并可以鉴别的符号，例如，"0，1，2，…""阴、雨、高温""学生的档案记录、货物的运输情况"等都是数据。

小试牛刀：

图图的学校在计划设计一个学生植物园地，希望同学们能推荐一些植物种类。你负责本班级的推荐植物统计，将你统计的本班数据填写在表1-1中。

表1-1　植物统计表

| 推 荐 人 | 植 物 名 称 | 所 属 种 类 | 推 荐 理 由 |
|---|---|---|---|
|  |  |  |  |
|  |  |  |  |
|  |  |  |  |

2. 大数据

现在的社会是一个高速发展的社会，科技发达，信息流通，数据采集已经被广泛应用到各行各业中，大数据就是这个高科技时代的产物。大量的数据信息是大数据的前提，但大数据不只是非常多的数据，还包括对大量的数据进行处理、加工，通过"加工"实现数据的"增值"。

人工智能和大数据的关系非常紧密，实际上大数据的发展在很大程度上推动了人工智能技术的发展，因为数据是人工智能技术的基础之一。图1-4所示为大数据的应用。

图1-4　大数据的应用

**知识充电站：**

　　大数据研究著作《大数据时代》中指出：数据有 4 个特征，分别为大量（Volume）、多样（Variety）、高速（Velocity）、价值（Value），一般人们称它们为大数据的 4V 特征，如表 1-2 所示。

表 1-2　大数据的 4 个特征

| 特征 | 说　　明 |
| --- | --- |
| 大量 | 数据量巨大 |
| 多样 | 数据类型多样，除了数字以外，还包括文字、图片、视频等多种类型 |
| 高速 | 数据的产生、传输、处理速度非常快 |
| 价值 | 数据的应用价值很高 |

**机智过人：**

　　大数据技术已经渗透到人们生活的方方面面，推动行业不断创新发展，人们的生活方式不断改变。

　　查询资料，并思考我们身边哪些地方应用了大数据技术。

_____

_____

_____

任务二：处理数据

　　通常一个好的大数据处理要有大量的数据规模、快速的数据处理、精确的数据分析与预测、优秀的可视化图表及简练易懂的结果解释，每一个数据处理环节都会对大数据质量产生影响。数据的类型可以分为多种，处理方式也各有不同，但流程基本一致，如图 1-5 所示。

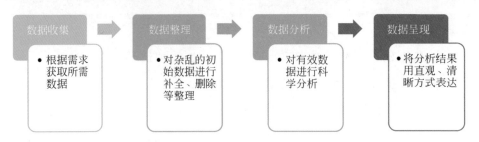

图 1-5　大数据处理流程

**机智过人：**

　　当需要处理的数据量较大时，我们一般会借助计算机进行数据整理和分析。查询资料，常用的数据分析软件工具有哪些？各有什么特点？

_____

_____

_____

## 大显身手

　　雾霾天气是一种大气污染状态，雾霾是对大气中各种悬浮颗粒物含量超标的笼统表述，尤其是 PM2.5（直径小于或等于 2.5 微米的颗粒物）被认为是造成雾霾天气的"元凶"。图图的班级想进行一项室内 PM2.5 数据监测与分析的研究，来提醒同学们爱护环境，绿色出行。图 1-6 所示为雾霾时的情况。

图 1-6　雾霾

## 准备好了

（1）工具（设备）：计算机、Arduino 编程软件等。

（2）材料：电子控制器、PM2.5 粉尘传感器、显示屏等，如表 1-3 所示。

表 1-3　材料及原理

| 序号 | 材料名称 | 用途及型号 |
|---|---|---|
| 1 | 电子控制器（Arduino） | Arduino 控制器是常见的开源电子控制器 |
| 2 | PM2.5 粉尘传感器 | 用于检测大气中的尘埃粒子浓度 |
| 3 | 显示屏 | 监测数据通过显示屏显示出来，例如 SSD1306 芯片驱动的 128×64 像素的 OLED 点阵屏 |
| 4 | 电源模块 | 可以使用充电宝或与开发板电压相符的电池盒 |
| 5 | 软件开发工具 | Arduino 控制器开发工具，可以选择国内开源软件 Mixly 进行图形化开发，或者 Arduino 官方的 IDE 进行 C 语言代码开发 |

部分电子模块如图 1-7 所示。

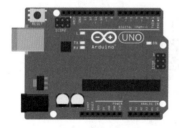

　　(a) Arduino UNO开发板　　　　(b) PM2.5粉尘传感器　　　　(c) OLED显示屏

图 1-7　部分电子模块示意图

## 奇思妙想

将你的创新设计想法填入表 1-4 中。

表1-4　室内 PM2.5 数据监测设计草图和整体功能描述

| 室内 PM2.5 数据监测设计草图 | 整体功能描述 |
| --- | --- |
|  |  |
|  | **电子模块方案** |
|  |  |
|  | **程序设计方案** |
|  |  |

## 实践步骤

（1）电子电路连接，如图 1-8 所示。

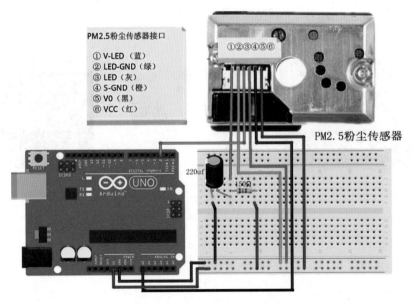

图 1-8　电子电路连接图

（2）程序编写与验证。

在程序设计过程中，Arduino 可以采用 C 语言开发，也可以采用图形化编程开发。

（3）数据采集与处理。

将监测装置放置在教室内，连接电源，进行一周数据的收集，并将数据进行处理操作。

（4）数据呈现与建议。

将处理后的数据用图表的形式呈现出来，并结合当地空气质量情况，提出相应的建议，并建议同学们爱护环境，绿色出行。空气质量对照图如图 1-9 所示。

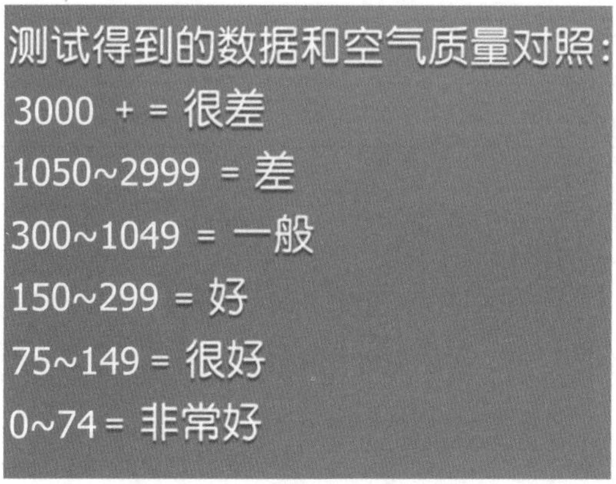

测试得到的数据和空气质量对照：

3000 + = 很差

1050~2999 = 差

300~1049 = 一般

150~299 = 好

75~149 = 很好

0~74 = 非常好

图 1-9　空气质量对照图

## 我的小成就

根据自己对数据处理的掌握情况，给表 1-5 中的五角星涂上颜色。注：五角星的数量越多代表知识的掌握程度越好。

表 1-5　数据处理星级评价表

| 评 价 内 容 | 评　分 |
|---|---|
| 领悟数据的概念与作用 | ☆ ☆ ☆ ☆ ☆ |
| 了解数据的类型 | ☆ ☆ ☆ ☆ ☆ |
| 掌握数据处理的流程 | ☆ ☆ ☆ ☆ ☆ |

## AI 爱创新

图图非常喜欢在网上购买图书，随着购买图书次数的增多，他发现网上书店好像越来越懂自己的兴趣想法，推送的图书中自己感兴趣的图书越来越多。请思考网络是如何揣摩顾客的心思的。

_____

_____

_____

# 第二课 计算力的发展

　　人工智能的发展需要在短时间内处理大量复杂的数据信息，在大数据时代迅速发展的今天，计算机技术的发展日新月异，计算机的发展推动了人工智能的进步。可以说计算力是支撑人工智能走向应用的"发动机"。

　　人工智能的"聪明"来自计算机的"勤奋"，人工智能"运行"背后计算力消耗惊人！

　　2016年3月，谷歌人工智能阿尔法围棋（AlphaGo）战胜韩国棋手李世石时，人们感叹人工智能的强大，而其背后巨大的"付出"却鲜为人知——数千台服务器、上千块CPU、高性能显卡以及对弈一场棋所消耗的惊人电量。图1-10所示为AlphaGo下围棋。

图 1-10　AlphaGo 下围棋

## 聪明的大脑

　　图图通过学习明白处理大量的数据需要强大的计算机，但对于计算机的发展及计算机的核心"芯片"有一些疑惑。

## AI 大挑战

### 任务一：了解计算机的发展

　　计算工具的演化经历了由简单到复杂、从低级到高级的不同阶段，如从"结绳记事"中的绳结到算筹、算盘计算尺、机械计算机等。它们在不同的历史时期发挥了各自的历史作用，同时也启发了现代电子计算机的研制思想。图 1-11 所示为计算工具的发展。

图 1-11　计算工具的发展

计算机（Computer）俗称电脑，是现代一种用于高速计算的电子计算机器，既可以进行数值计算，又可以进行逻辑计算，还具有存储记忆功能。计算机是能够按照程序运行，自动、高速处理海量数据的现代化智能电子设备。

电子计算机从发明到现在的发展可分为四个阶段，如表 1-6 所示。

表 1-6　电子计算机的发展阶段

| 时　间 | 时　代 | 代　表　事　件 |
|---|---|---|
| 第一阶段（1946—1955 年） | 电子管计算机时代 | 1946 年，第一台电子计算机在美国宾夕法尼亚大学问世，它由冯·诺依曼设计，占地 170 平方米，运算速度慢，是计算机发展历史上的一个里程碑 |
| 第二阶段（1956—1963 年） | 晶体管计算机时代 | 贝尔实验室研制成功第一台使用晶体管电路的计算机，里面装有 800 多个晶体管。它的体积缩小很多，但运算速度大大增加，每秒可达 10 万次 |
| 第三阶段（1964—1970 年） | 中小规模集成电路时代 | 科学家们把中小规模的集成电路装在计算机身体里面，用来代替之前的晶体管。这样计算机的体积变得更小了，运算的速度却更快了，达到了每秒几百万次 |
| 第四阶段（1970 年至今） | 超大规模集成电路时代 | 大约到 1970 年，装着大规模 / 超大规模集成电路的计算机诞生了。它的运算速度可以达到每秒上亿次，体积也更加小巧了。目前我们在学校和家里使用的台式机、笔记本电脑等就是这种计算机 |

**机智过人：**

图灵——计算机思想

　　艾伦·麦席森·图灵（Alan Mathison Turing，1912 年 6 月 23 日—1954 年 6 月 7 日，见图 1-12），英国数学家、逻辑学家。

　　第二次世界大战期间，图灵曾帮助英国破解了德军的密码系统，并且提出了"图灵机"的设计理念，为现代计算机逻辑工作方式打下了良好的基础。于是，他就被大家称为"计算机科学之父"。

　　查阅资料：搜集、思考还有哪些科学家在计算机发展过程中做出过突出贡献。

_____

_____

_____

图 1-12　图灵

　　具有人工智能的新一代计算机在不断地研制过程中，它具有推理、联想、判断、决策、学习等功能。新一代计算机包括量子计算机、高速超导计算机、激光计算机、DNA 计算机和神经元计算机等。图 1-13 所示为计算机模拟的神经元。

图 1-13　计算机模拟的神经元

**知识充电站：**

　　2021 年 10 月 26 日消息，中科院量子信息与量子科技创新研究院科研团队在超导量子和光量子两种系统的量子计算方面取得重要进展，使我国成为目前世界上唯一在两种物理体系达到"量子计算优越性"里程碑的国家。

　　在计算力方面，"祖冲之二号"比目前最快的超级计算机快一千万倍，计算复杂度比谷歌公司的超导量子计算原型机"悬铃木"高一百万倍，使得我国首次在超导体系达到了"量子计算优越性"里程碑。

**任务二：走近奋勇前进的"中国芯"**

　　当今时代，人们的生活时时刻刻离不开芯片。当人们手拿遥控器打开电视机，当人们拿着手机跟外界打电话，当人们使用计算机工作时，一切的背后都是芯片在工作。

　　我们先来认识一下芯片。芯片就是一个小薄片，上面排布了许许多多的晶体管。我们可以认为芯片的本质是半导体 + 集成电路，如图 1-14 所示。

　　此前我国在半导体芯片领域的发展起步较晚，国产科技企业的发展很容易被人"卡脖子"，所以现在全国上下也开始掀起了一股研发芯片的潮流，中国研发高端芯片的难点被不断突破！中国的芯片制造如图 1-15 所示。

图 1-14　芯片

图 1-15　中国的芯片制造

芯片的未来意味着新的危机与机遇并存，这仍然是一个充满未知的时代。5G 正在登场，AI 芯片已经在路上，我们需要面对现实，承认中国芯片仍然存在着一些差距，但中国芯片并没有停下革新的脚步，正在奋起直追，奋勇前进！

> **知识充电站：光刻机**
>
> 如果没有芯片，就制造不出手机；而如果没有光刻机，就制造不出芯片；光刻机就是制造芯片的机器设备。
>
> 掌握光刻机的研发技术非常难，主要因为光刻机的研发对精度的要求极高，不能容忍一丝的误差，这其中的技术对一个国家的工业水平和科技水平都有极高要求。

目前我国研发的光刻机精度达到了 28 纳米，但高端光刻机的精度却是 5 纳米，所以还有很大差距，只有拥有真正高端的光刻机，才能将命运掌握在自己的手里，在芯片制作方面才能不被人卡脖子。

## 我的小成就

根据自己对计算力发展的掌握情况，给表 1-7 中的五角星涂上颜色。

表 1-7　计算力发展星级评价表

| 评 价 内 容 | 评　分 |
|---|---|
| 领悟计算力对人工智能发展的作用 | ☆ ☆ ☆ ☆ ☆ |
| 了解计算机的发展历程 | ☆ ☆ ☆ ☆ ☆ |
| 了解中国的芯片制造状况 | ☆ ☆ ☆ ☆ ☆ |

## AI 爱创新

计算科学的革命——云计算。

传统的应用正在变得越来越复杂：需要支持更多的用户，需要更强的计算力，需要更加稳定安全等，所以，云计算应运而生——实现更大、更快、更强。

现在云计算行业十分火热，伴随互联网、人工智能、物联网、AI 等领域的需求逐年增加。

请思考云计算可以应用在我们生活的哪些方面。

_____

_____

_____

# 第三课　大数据应用

　　人们的衣食住行都会产生大量的数据信息，数据本身的价值有限，只有与各行业、各领域的应用相结合，与知识体系相融合，挖掘知识和真实世界的关系，才能发挥更大的价值。大数据无处不在，它应用于各个行业，包括生活、学习、工作的各个方面都已经融入了大数据的印迹。

**知识充电站：**

　　数据量的大小是用计算机存储容量的单位来计算的,基本单位是字节（Byte）,用 B 表示，每一级按照千分位递进，如表 1-8 所示。

表 1-8　存储容量单位

| 名　　称 | 换算关系 |
| --- | --- |
| 千字节 (kilobyte，KB) | 1 KB =1024 B |
| 兆字节 (megabyte，MB) | 1 MB =1024 KB |
| 吉字节 (gigabyte，GB) | 1 GB=1024 MB |
| 太字节 (terabyte，TB) | 1 TB =1024 GB |
| 拍字节 (petabyte，PB) | 1 PB =1024 TB |
| 艾字节 (exabyte，EB) | 1 EB =1024 PB |
| 泽字节 (zettabyte，ZB) | 1 ZB =1024 EB |
| 尧字节 (yottabyte，YB) | 1 YB=1024 ZB |

## 聪明的大脑

在前面的学习中，图图对大数据的一些基础知识有了一些概念，但大数据到底可以给人们的生活和学习带来哪些变化？图图有一些疑惑。

## AI 大挑战

### 任务一：了解大数据应用

大数据应用在日常生活中非常普遍，大到国家事务，小到柴米油盐，渗透进了人们的日常生活和消费之中。下面分享几个大数据在各领域的应用。

1. 大数据在交通中的应用

某城市在所有十字路口安装了自动采集交通数据的设备。计算机记录了庞大的行人与车辆的各类数据，计算机会自动分析这些数据，根据车辆在不同时段、不同十字路口出现的高峰情况，会自动调整十字路口在不同时段的红绿灯时长，对拥堵路段进行疏导等。各类地图软件也可以利用海量的实时交通数据和累积的历史数据为用户提供准确及时的路况信息。

2. 大数据在农业中的应用

利用大数据技术，能够帮助农民预测市场对农产品的需求，从而指导农产品生产，以防止"菜贱伤农"问题出现。大数据技术会帮助农民依据消费者的消费习惯来决定增加或减少哪些品种的种植，提高单位种植面积的产值。大数据技术也可以预报天气，帮助农民做好自然灾害的预防工作。

> **机智过人：气象大数据**
>
> 目前，天气预报是最成功的大数据应用案例。为了向人们提供精准的天气预报，气象专家除了要获取气温数据以外，还需要获取哪些类型的数据？跟小组成员一起讨论，将讨论结果写在下面的横线处。

_____
_____
_____

3. 大数据在医疗中的应用

医疗行业拥有大量的病例报告、病理报告、治愈方案、药物报告等数据，可以利用这些数据建立疾病数据库。借助大数据技术，可以预测流感暴发，也能帮助发现药物的副作用。在一些医院中，已经采用了借助于大数据技术的辅助医疗系统，能够收集和存储治疗所需的各种数据，并通过分析这些数据辅助医生诊断。

4. 大数据在教育中的应用

利用大数据技术，可以跟踪和关注教师和学生的教学、学习过程，记录教师和学生的课堂及课后表现，通过大数据分析为每一位学生提供个性化的学习内容和学习指导。

任务二：探寻大数据"赋能"疫情防控

目前，新型冠状病毒感染疫情给人们的生活造成很多损失，大数据技术为疫情防控做出了巨大贡献，实现新型冠状病毒感染疫情可追溯、可预测、可视化和可量化。人们也越来越重视大数据在此次防疫工作中所发挥的作用。图 1-16 所示为大数据防疫应用。

**机智过人：**

大数据在基层社区精准高效防控、居民自主防疫和主动防控、防疫物资调配高效运营等方面发挥了关键作用。请大家思考大数据还可以在防疫过程中发挥哪些作用。

_____
_____
_____

图 1-16　大数据防疫应用

## 大显身手

助力疫情防控，人员数据信息统计

在疫情防控过程中，所有的场所都要进行人员信息登记，下面我们来设计一台使用视觉统计人数的机器人。当机器人检测到人脸时将自动统计人数，完成统计任务。

机器视觉是一种非接触式的自动识别技术，它是一种通过图像处理及相关技术实现计算机代替人眼做判断和测量的技术。基于机器视觉的人数统计可以通过摄像头监控统计，依据跟踪目标特征，根据出入口的方向进行人数进出统计。

## 准备好了

（1）工具（设备）：计算机或手机、编程软件等。

（2）材料：AI9 主控器、视觉模块、套装零件。

## 奇思妙想

实践步骤如图 1-17 所示。

图 1-17 实践步骤

## 实践步骤

（1）运用机器人零件，进行创意机器人的组装和搭建，如图 1-18 所示。

图 1-18 创意机器人的组装和搭建

（2）编写人员数据信息统计程序并下载至主机，如图 1-19 所示。

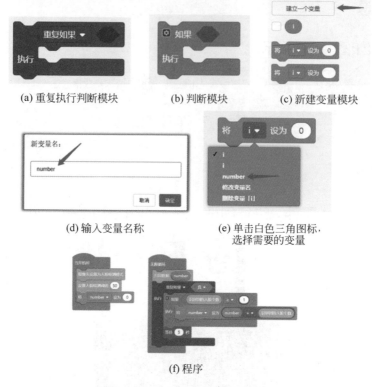

(a) 重复执行判断模块　　(b) 判断模块　　(c) 新建变量模块

(d) 输入变量名称

(e) 单击白色三角图标，
选择需要的变量

(f) 程序

图 1-19　编写人员数据信息统计程序并下载至主机

---

**小贴士：控制程序解释**

（1）将摄像头设置为人脸检测模式，设置人脸检测阈值为 50。

（2）添加变量并设为 0。

（3）打印变量数据。

（4）重复执行判断条件为真。

（5）如果检测到数值大于 50，人数增加 1。

（6）等待 5 秒后继续重复。

（3）在主机选择下载好的程序并执行，进行人员数据信息统计体验，如图 1-20 所示。

图 1-20　人员数据信息统计体验图

## 我的小成就

根据自己对大数据应用的掌握情况，给表 1-9 中的五角星涂上颜色。

表 1-9　大数据应用星级评价表

| 评 价 内 容 | 评　　分 |
|---|---|
| 感受大数据现象，了解大数据的特点 | ☆ ☆ ☆ ☆ ☆ |
| 熟悉大数据技术的工作流程 | ☆ ☆ ☆ ☆ ☆ |
| 会用大数据技术解决一些简单的实际问题 | ☆ ☆ ☆ ☆ ☆ |

## AI 爱创新

大数据时代最大的意义就是利用大数据及大数据技术为人类社会创造价值。目前，大数据已应用于很多领域，除了上述提到的几方面，还有哪些大数据应用领域？在每一个领域中可以获取哪些类型的数据？跟小组成员一起讨论，将讨论结果写入表 1-10 中。

表 1-10　大数据的应用领域及获取的数据类型

| 应　用　领　域 | 数　据　类　型 |
| --- | --- |
|  |  |
|  |  |

# 第二单元

# 智能仓储

## 学习目标

（1）学习算法、智能跟随、智能物流等相关内容，了解人工智能核心技术。

（2）了解常见的智能跟随和智能物流应用，提升智能硬件使用能力。

（3）尝试编程，对智能跟随小车和物流机器人进行控制，培养计算思维和创新意识。

在工业 4.0 时代，客户要求高度个性化，产品创新周期缩短，生产节拍不断加速。新兴智能技术包括物联网、大数据、人工智能等信息技术，这些技术进一步发展并改善了仓储物流运作流程，提高了仓储技术装备的柔性化应用水平，降低了物流成本。图 2-1 所示为智能仓储系统。

图 2-1　智能仓储系统

# 第一课　奇妙的算法

　　每个人都有过这样的经历：打开手机准备回消息或打电话，看到微信图标右上方的小红点，忍不住先打开微信。等到看完微信，不知不觉又被另一个 App 吸引，直到关闭手机屏幕才发现自己早已忘了打开手机的初衷。

　　你以为这是健忘？并不是！智能手机每一个 App 背后的算法，不仅有人工智能领域专家操刀，还有心理学及脑科学家的"精心设计"，让你不知不觉"深陷其中"。图 2-2 所示为奇妙的算法。

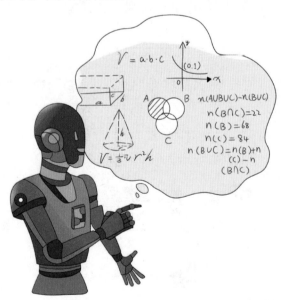

图 2-2　奇妙的算法

## 聪明的大脑

图图在上信息与科学课，老师提到在编写程序时，解决一些问题时可以使用算法，能够提高程序的效率。那什么是算法呢？

## AI 大挑战

任务一：了解什么是算法

课堂上学到的各种解题方法，其实都是算法。例如，加法交换律 $a+b+c=a+c+b$；乘法交换律 $a×b×c=a×c×b$；等等。

算法是利用计算机解决问题的处理步骤，简而言之，算法就是解决问题的步骤。算法不仅用于计算机的数据处理，现实世界中的各种问题也需要结合算法的概念来解决，例如，烹饪时用到的食谱，算法示例如图 2-3 所示。

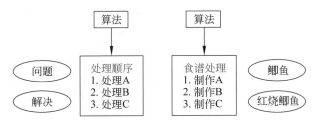

图 2-3　算法示例

如果想让计算机像人一样思考，具有类似人的智能，那么，建立合适的算法就很关键。通常情况下，人们把算法称为人工智能的灵魂。

为什么要学习算法呢？

学习算法的同时能提高自己的编程能力。一个好的算法是编写程序的模型，因为它能创造计算机程序，其中还包含了程序的精髓。学过算法的人写出的程序和没学过算法的人写出的程序有明显的差距。要写出既能正确执行又能提高效率的好程序，算法的学习是不可或缺的。

算法必须具备如下 3 个重要特性。

（1）有穷性：执行有限步骤后，算法必须终止。

（2）确定性：算法的每个步骤都必须有确定的含义。

（3）可行性：特定算法须可以在特定的时间内解决特定问题。

任务二：探寻常见算法

我们在学习过程中有一些常用的算法，它们分别是分治法、贪心算法、动态规划算法、回溯法、分支限界法，它们的原理及特点如表 2-1 所示。

表 2-1　常用算法的原理及特点

| 算　　法 | 原理及特点 |
| --- | --- |
| 分治法 | 把一个复杂的问题分成两个或更多的相同或相似的子问题，再把子问题分成更小的子问题……直到最后的子问题可以直接求解，原问题的解即为子问题的解的合并 |
| 贪心算法 | 是一种对某些求最优解问题的更简单、更迅速的设计技术 |
| 动态规划算法 | 将原问题分解为相似的子问题，在求解的过程中通过子问题的解求出原问题的解 |
| 回溯法 | 是一种选优搜索法，按选优条件向前搜索，以达到目标。但当探索到某一步时，发现原先的选择并不优或达不到目标，就退回一步重新选择 |
| 分支界限法 | 是一个用途十分广泛的算法，运用这种算法的技巧性很强，不同类型的问题解法也各不相同 |

---

**知识充电站：**

蚁群算法——来自蚂蚁觅食的灵感

20 世纪末，有位博士生在论文答辩时提出了一种模拟进化的新算法——蚁群算法。据他观察，蚂蚁觅食事先是没有方向的。当一只蚂蚁找到食物后，就会释放一种挥发性物质吸引其他蚂蚁过来，让更多的伙伴一起搬运食物。但是，有的蚂蚁并没有沿袭第一只蚂蚁往返的路径，而是另辟蹊径，并且它找到的路径比原来的更便捷。令人意想不到的是，渐渐地其他蚂蚁也被吸引到较短的路径上来了。

蚂蚁觅食过程中发现新路径的行为给这位博士带来了灵感，他创建的蚁群算法很快得到研究和应用，已成为分布式人工智能研究的一个热点。

## 大显身手

实践与探究——算法实践

图图在上计算机课，AI 小博士布置了这样一道题，已知动物园馆舍分布如图 2-4 所示，请同学们找出从大门口去熊猫馆的捷径。

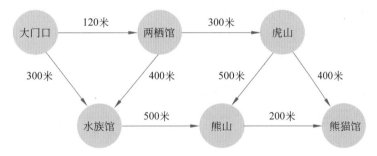

图 2-4 动物园馆舍分布图

## 准备好了

（1）工具（设备）：计算机等。

（2）材料：Arduino 等编程软件。

## 奇思妙想

实践步骤如图 2-5 所示。

图 2-5　实践步骤

## 实践步骤

图图经过比较，最终选择了贪婪算法，画出的流程图如图 2-6 所示。

经过编写程序，图图轻松地实现了目标，得出的最短路径是：大门口→两栖馆→虎山→熊猫馆，总共是 820 米。

AI 小博士说：刚才我们有同学把所有可以到达目的地的路径都计算了一遍，逐一比较，最后确定最短路径，这种算法叫穷举法。尽管它是一种费时的算法，但计算机使它有了用武之地，如密码破译通常就采用穷举法。

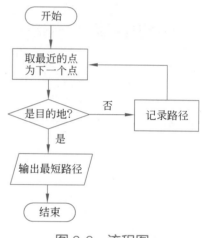

图 2-6　流程图

## 我的小成就

根据自己对奇妙的算法的掌握情况，给表 2-2 中的五角星涂上颜色。

表 2-2　奇妙的算法星级评价表

| 评　价　内　容 | 评　　分 |
| --- | --- |
| 了解什么是算法 | ☆ ☆ ☆ ☆ ☆ |
| 了解常见算法 | ☆ ☆ ☆ ☆ ☆ |
| 成功地进行了算法实践 | ☆ ☆ ☆ ☆ ☆ |

## AI 爱创新

　　人工智能的算法有很多，常见的有穷举法、蚁群算法、神经网络算法，请上网查阅资料，了解更多的人工智能算法有哪些，以及适合它们的运用场景。

_____

_____

_____

_____

# 第二课　智能跟随

　　不知道大家是否有这样的感受，每次出行最痛苦的事情就是带着大包小包的行李，很影响出行的自由。在时下的智能浪潮中，智能行李箱以其便利的功能性得到了人们的关注，其中能够自动跟随在身后移动的智能行李箱更是有着极高的人气。图2-7所示为智能行李箱。

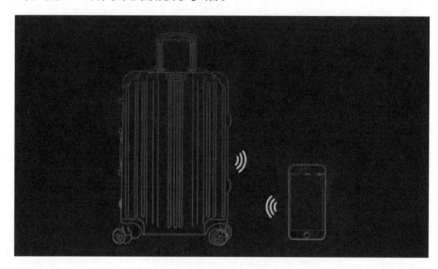

图2-7　智能行李箱

## 聪明的大脑

　　如果你想给自己入手一款智能行李箱，应该依据什么标准选择呢？智能跟随技术有哪些应用呢？

# AI 大挑战

任务一：了解智能跟随

在现代生活中，社会服务机器人的运用越来越广泛。在家庭、医院、银行、餐厅等场合，机器人都起着举足轻重的作用。在这些场合中，都需要机器人有能对服务对象进行跟随的功能。

目前跟随机器人在市场上还比较少见，能实现跟随功能的机器人也大多造价高昂，不能很好地走进人们的日常生活中服务大众。还有一些跟随机器人则采用特定目标跟随，这多运用在军事领域，与平常百姓的生活相距甚远。由于跟随机器人的运用前景十分广阔，可运用在家庭服务、超市购物车跟随、机场行李车跟随等众多领域，并且如能发挥作用可以解放人们的双手，提高工作效率。因此，跟随机器人的趋势必将是产业化和家庭化。

任务二：走近智能跟随的应用

智能跟随技术在很多场合都有应用，比较常见的智能跟随有智能跟随购物车、智能跟随机器人、智能跟随无人机。

1. 智能跟随购物车

随着超市在各城市的广泛开张，选择超市购物的百姓也越来越多，不可否认，超市在人们生活中扮演着重要的角色。但是超市中也难免存在以下几个问题：大型超市面积太大，老人和小孩购物不方便，购物车随便放置影响他人等。

鉴于此，智能跟随购物车的研究显得十分必要。跟随购物车可以解放顾客的双手，它会自动跟随顾客自动驾驶。它具有自动识别功能，能够自己躲避障碍，在遇到行人或障碍物时会自动停下或绕开，当道路通畅后会自己继续跟着顾客。当不使用时，购物车又能自动归位，在低电量时自动充电，图 2-8 所示为智能跟随购物车。

图 2-8　智能跟随购物车

2. 智能跟随机器人

智能跟随机器人可以采用红外测距与超声波测距相结合的方式，而不是其他单独采用超声波模块的方式，提高了测距与跟随的准确性。根据不同的实际需要，可将测距功能安装在小车、腿式机器人、六足机器人等多种平台上。图 2-9 所示为智能跟随机器人。

图 2-9　智能跟随机器人

### 3. 智能跟随无人机

随着科技的进步，在电影、电视剧集的拍摄上人们已经不再仅仅局限于摄像机这种单一的摄影设备。无人机、手持稳定器等诸多创新产品的运用，一方面让摄制更轻松，另一方面则让拍摄的画面也呈现出更多独特的角度。很多无人机在创新方面加入了智能跟随系统，通过算法实现无人机锁定目标跟随拍摄，大幅减少了用户操控的烦恼。图 2-10 所示为智能跟随无人机。

图 2-10　智能跟随无人机

## 大显身手

实践与探究——智能跟随小车

智能跟随技术在生活中的运用越来越多，极大地方便了人们的生活。下面实践一下智能跟随小车的跟随功能，如图 2-11 所示。

图 2-11　智能跟随小车

## 准备好了

（1）工具（设备）：计算机或手机、编程软件等。

（2）材料：人工智能机器人。

## 奇思妙想

实践步骤如图 2-12 所示。

图 2-12　实践步骤

## 实践步骤

（1）运用机器人零件，进行创意机器人的组装和搭建，如图 2-13 所示。

（2）将智能跟随技术所用到的算法用流程图的形式进行分解，如图 2-14 所示。

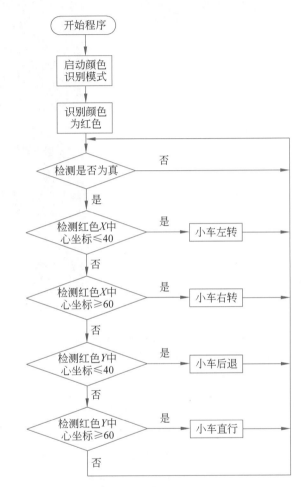

图 2-13 创意机器人的组装和搭建　　　　图 2-14 流程图

（3）编写机器人控制程序并下载至主机，如图 2-15 所示。

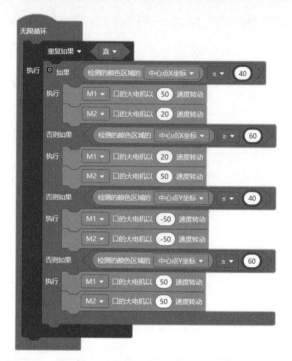

图 2-15　程序编写示意图

**小贴士：手势识别控制程序解释**

（1）开启颜色／形状识别模式。

（2）设置检测的颜色为红色。

（3）执行 while-true 循环。

（4）检测颜色物体的中心点坐标。

（5）依次检测，完成动作。

当 $X$ 坐标小于或等于 40 时，小车左转。

当 $X$ 坐标大于或等于 60 时，小车右转。

当 $Y$ 坐标小于或等于 40 时，小车后退。

当 $Y$ 坐标大于或等于 60 时，小车直行。

（4）在主机选择下载好的程序并执行，进行小车跟随调试与体验。

## 我的小成就

根据自己对智能跟随的掌握情况，给表 2-3 中的五角星涂上颜色。

表 2-3　智能跟随星级评价表

| 评 价 内 容 | 评　　分 |
|---|---|
| 了解什么是智能跟随 | ☆ ☆ ☆ ☆ ☆ |
| 了解智能跟随的应用 | ☆ ☆ ☆ ☆ ☆ |
| 实现智能跟随小车 | ☆ ☆ ☆ ☆ ☆ |

## AI 爱创新

视觉跟随借助视觉传感器完成，机器人借助单目摄像头、双目摄像头、深度摄像机、视频信号数字化设备或基于 DSP 的快速信号处理器等其他外部设备获取图像，其缺点是图像处理量巨大，一般计算机无法完成运算，实时性较差且受光线条件限制较大，无法在黑暗环境中工作。请查阅资料并思考，使用什么硬件设备可以克服这些困难？

_____

_____

_____

_____

# 第三课　智　能　物　流

　　智能化是物流行业必然的发展趋势，是智能物流的典型表现，贯穿着整个物流活动过程。随着人工智能技术、自动化技术和信息技术的持续发展，智能化程度也将随之不断提高。如图 2-16 所示，它不局限于库存水平的确定、运输道路的选择、自动跟踪的控制、自动分拣的操作、物流配送中心的管理等。随着时代的发展，它也将不断地被赋予新的内容。

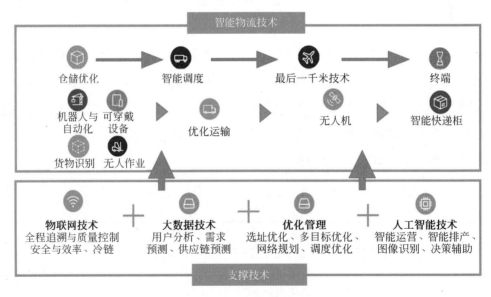

图 2-16　智能物流图

## 聪明的大脑

智能物流比传统物流要节能高效，那么什么是智能物流呢？它有哪些应用场景呢？

## AI 大挑战

任务一：了解什么是智能物流

传统物流企业在利用条形码、射频识别技术、传感器、全球定位系统等方面优化改善运输、仓储、配送、装卸等物流业基本活动。同时也在尝试使用智能搜索、推理规划、计算机视觉及智能机器人等技术，实现货物运输过程的自动化运作和高效率优化管理，提高物流效率。

例如，在仓储环节，利用大数据智能通过分析大量历史库存数据，建立相关预测模型，实现物流库存商品的动态调整。大数据智能也可以支撑商品配送规划，进而实现物流供给与需求匹配、物流资源优化与配置等。

在货物搬运环节，加载计算机视觉、动态路径规划等技术的智能搬运机器人（如搬运机器人、货架穿梭车、分拣机器人等）得到广泛应用，大幅减少了订单出库时间，使物流仓库的存储密度、搬运的速度、拣选的精度均有大幅度提升。

任务二：探寻智能物流的应用

新技术加上传统物流，就变成了智能物流。智能物流指的是以物联网、大数据、人工智能等信息技术为支撑，在物流的运输、仓储、包装、装卸搬运、流通加工、配送、信息服务等各个环节实现系统感知、全面分析、及时处理及自我调整的功能。图 2-17 所示为智能快递柜。

图 2-17　智能快递柜

**机智过人：**

    图图的学校旁边有很多智能快递柜，他和同学讨论这就是智能物流其中的一个重要应用。那么除了智能快递柜，智能物流还可以在哪些方面提供更好、更快的服务？

_____

_____

_____

_____

    除此之外，智能物流还包括云计算及人工智能等相关技术，将采集后的数据传输到云平台，利用云计算、人工智能技术将数据进行分析处理，能够提高运输效率及节省人力资本，而物联网技术是传统行业数据获取的重要途径，发展物联网产业至关重要。

## 大显身手

实践与探究——物流机器人

    智能物流技术在生活中运用得越来越多，极大地方便了人们的生活。下面我们利用人工智能机器人实践一下物流机器人的功能。

    搭建一台识别二维码进行运送物品的机器人。物流机器人识别到不同二维码，将物品运送到不同位置，如图 2-18 所示。

图 2-18　物流机器人

## 准备好了

（1）工具（设备）：计算机或手机、编程软件等。

（2）材料：人工智能机器人、视觉模块、大型电机、套装零件等。

## 奇思妙想

实践步骤如图 2-19 所示。

图 2-19　实践步骤

## 实践步骤

（1）运用机器人零件，进行物流机器人的组装和搭建，如图 2-20 所示。

图 2-20　物流机器人的组装和搭建

（2）编写运送货物的程序并下载至主机，如图 2-21 所示。

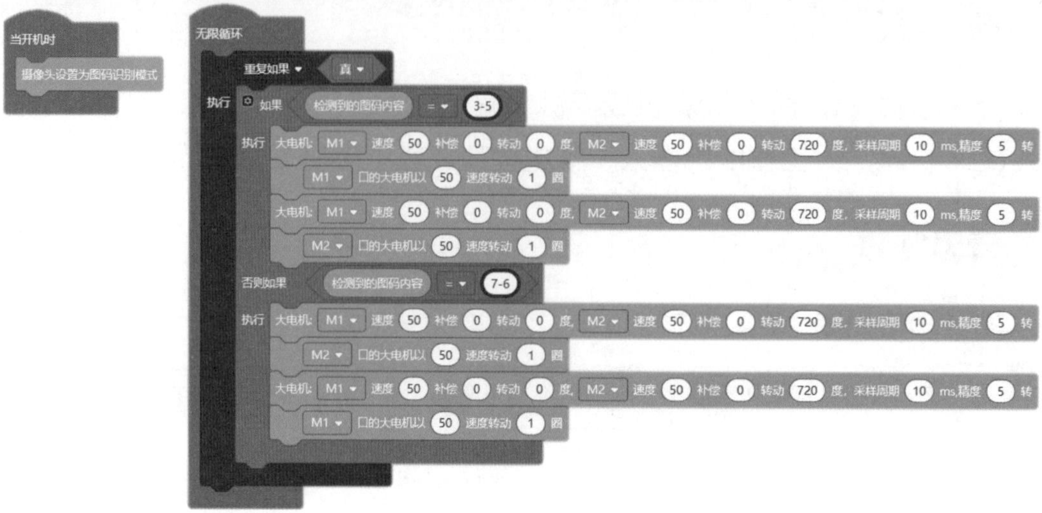

图 2-21　运送货物的程序

温馨提示：程序中的 3-5 和 7-6 为二维码的图码标号。

---

**小贴士：物流机器人控制程序解释**

（1）开启图码识别模式。

（2）执行 while-true 循环。

（3）设置检测二维码识别条件，当摄像头识别到二维码信息等于 3-5 时，控制机器人直行，右转再直行，然后左转。

（4）当摄像头识别到二维码信息等于 7-6 时，控制机器人直行，左转再直行，然后右转。

---

（3）在主机选择下载好的程序并执行，进行物流机器人的调试与体验。

## 我的小成就

根据自己对智能物流的掌握情况，给表 2-4 中的五角星涂上颜色。

表 2-4　智能物流星级评价表

| 评 价 内 容 | 评　分 |
|---|---|
| 了解什么是智能物流 | ☆ ☆ ☆ ☆ ☆ |
| 了解智能物流的应用 | ☆ ☆ ☆ ☆ ☆ |
| 实现物流机器人的调试与体验 | ☆ ☆ ☆ ☆ ☆ |

## AI 爱创新

　　图像识别 AGV 小车是模拟人通过眼睛来识别环境，通过大脑分析，来进行行走的方法。它是建立在用摄像头摄取照片图形，通过计算机图形识别软件进行图形分析和识别，找出小车体与已设置路径的相对位置，从而引导小车行走的一种引导方法。请查阅资料并思考，使用这种方法有什么短处？应该如何改进？

_____

_____

_____

_____

# 第三单元

# 智 能 感 知

未来的智能系统应该具备形形色色的智能感知系统，具有智能化水平更高的机器视觉、听觉、触觉和嗅觉，并具有相当发达的"大脑"学习机制和推理机制。这种智能机器人能够完全理解人类语言，应该根据感知信息进行智能判断和分析，形成与人类非常相似的感知模式。其中，还有许多难题需要解决，如基于环境理解的全局定位、目标识别和障碍物检测等。

本单元将从机器视觉、智慧语音、智能传感器等方面出发，了解人工智能的重要方向——智能感知技术。图 3-1 所示为智能感知。

图 3-1　智能感知

# 第一课  机 器 视 觉

人类的眼睛总是和各种富有灵气的词汇联系在一起，并不断赋予人们创新的源泉。人类大脑中接近一千亿个神经元，绝大多数只做一件事情，就是处理我们的视觉信息，因为大脑所接收的 80% 的信息都源自视觉。在极限追求智能的今天，机器也变得越来越智能。如图 3-2 所示，当机器有了高精度的视觉，将为整个世界带来怎样的改变呢？

图 3-2  机器视觉

## 聪明的大脑

图图的班级在组织"发现身边的人工智能"活动，在活动过程中，图图的小组把重点放在机器视觉应用上，他们想到手机人脸识别、门禁系统、工厂智能检测等都是应用机器视觉实现的，但对于机器视觉的原理、应用等还有很多疑惑，他们迫切地想做一些深入了解。图 3-3 所示为动画中的机器视觉。

图 3-3　动画中的机器视觉

## AI 大挑战

任务一：认识机器视觉

机器视觉是人工智能正在快速发展的一个分支。简单来说，机器视觉就是用机器代替人眼来做测量和判断。如图 3-4 所示，机器视觉系统是通过机器视觉图像摄取装置将被摄取目标转换成图像信号，传送给专用的图像处理系统，得到被摄目标的形态信息，根据像素分布和亮度、颜色等信息，转变成数字化信号。图像系统对这些信号进行各种运算来抽取目标的特征，进而根据判别的结果来控制机器进行相关操作。

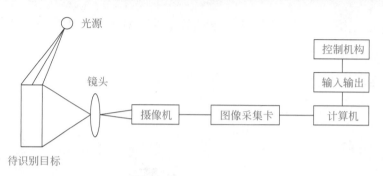

图 3-4　机器视觉处理流程

**机智过人：**

　　图图在科学课上，发现老师正在统计校园里的植物种类（见表 3-1），手动统计非常烦琐，图图想可以利用人工智能的工具来辅助老师，他想利用手机中的植物识别软件进行植物的识别，这样大幅提高了效率。

表 3-1　统计植物种类

| 植 物 名 称 | 种　　类 | 特　　性 | 数　　量 |
| --- | --- | --- | --- |
|  |  |  |  |
|  |  |  |  |
|  |  |  |  |

任务二：从"看清"世界到"看懂"世界

　　用双眼观察世界是人类与生俱来的、核心的生物功能之一，也是人类认识世界和改造世界的主要途径。在漫长的文明演化的道路中，为了弥补人类视觉的天然短板，以看到更广阔的世界，善于利用工具的人类发明了机器视觉，从模仿人类视觉开始，渐渐步入超越人类视觉的道路。随着人工智能的步伐不断演进，相信机器会察言观色也将很快变成司空见惯的事实。

　　在不断演进的道路上，机器视觉经历过四次重大变革，如图 3-5 所示。

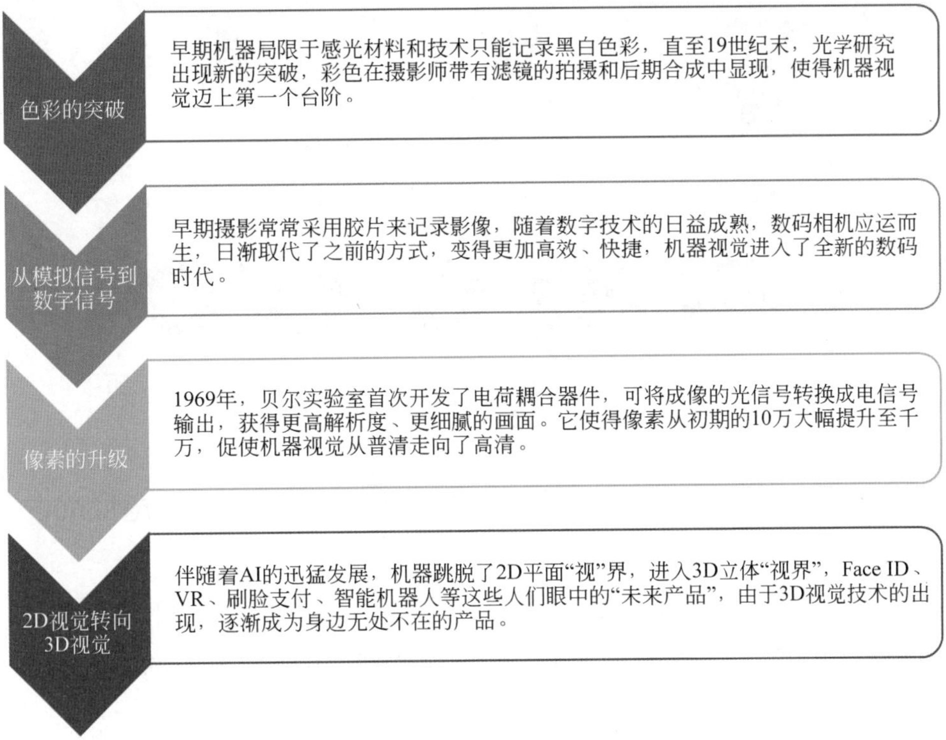

| 色彩的突破 | 早期机器局限于感光材料和技术只能记录黑白色彩，直至19世纪末，光学研究出现新的突破，彩色在摄影师带有滤镜的拍摄和后期合成中显现，使得机器视觉迈上第一个台阶。 |

| 从模拟信号到数字信号 | 早期摄影常常采用胶片来记录影像，随着数字技术的日益成熟，数码相机应运而生，日渐取代了之前的方式，变得更加高效、快捷，机器视觉进入了全新的数码时代。 |

| 像素的升级 | 1969年，贝尔实验室首次开发了电荷耦合器件，可将成像的光信号转换成电信号输出，获得更高解析度、更细腻的画面。它使得像素从初期的10万大幅提升至千万，促使机器视觉从普清走向了高清。 |

| 2D视觉转向3D视觉 | 伴随着AI的迅猛发展，机器跳脱了2D平面"视"界，进入3D立体"视界"，Face ID、VR、刷脸支付、智能机器人等这些人们眼中的"未来产品"，由于3D视觉技术的出现，逐渐成为身边无处不在的产品。 |

图 3-5　机器视觉发展历程

### 任务三：探寻机器视觉应用

近年来，视觉技术快速发展，被广泛应用到人脸识别、智能机器人、自动驾驶、新零售、AR 等多重场景，也慢慢渗透到了人们生活中的方方面面。

1. 机器识别与疫情防控

在新型冠状病毒感染疫情防控过程中，机器视觉技术能够助人们一臂之力，出现了许多非接触式服务新举措：如测温识别终端的投入使用，进行智能测温管控与体温异常预警。如图 3-6 所示，送餐机器人为集中隔离观察点的人们送饭送药，大幅降低了工作人员感染的风险；还有健康码核验、人证比对，可以有效实现智能排查、科学预警。

图 3-6　送餐机器人

### 2. 虚拟试衣间

随着机器视觉技术发展，我们在购买衣服的时候可以使用虚拟试衣间进行挑选。

如图 3-7 所示，具体测试形式为在一个小更衣室中放置四个摄像头，拍摄身体每一边的图像。软件控制测量操作，并决定随后生产衣物时的剪裁方式。接下来的生产过程会自动进行，直至包括运输环节。

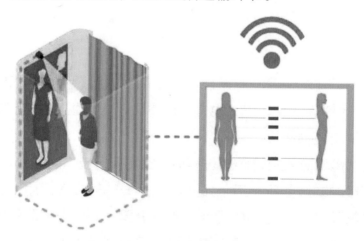

图 3-7　虚拟试衣间

未来的时装屋将不再摆满几柜子的商品，而是通过提供大量的虚拟选择和快速可靠的生产流程来为客户服务。

机器视觉技术如今已成功应用到各行各业当中，并成为一项核心关键技术。无人机、自动驾驶、智能医生、智能安防等应用领域不断实现突破。

## 大显身手

实践与探究——手势识别控制

机器视觉技术是人工智能的关键技术，在生活中应用十分广泛。视觉手势识别系统的构成应包括：图像的采集、预处理、特征提取和选择、分类器的设计及手势识别。下面利用视觉模块进行手势识别，识别到不同手势控制电机，做出不同反馈动作。图 3-8 所示为手势特征点。

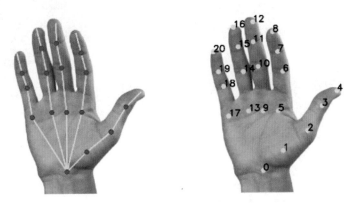

图 3-8  手势特征点

## 准备好了

（1）工具（设备）：计算机或手机、编程软件等。

（2）材料：人工智能机器人。

## 奇思妙想

实践步骤如图 3-9 所示。

| 机器人搭建 | ➡ | 机器学习 | ➡ | 程序编写与下载 | ➡ | 手势识别控制调试与体验 |

图 3-9　实践步骤

## 实践步骤

（1）运用机器人零件，进行手势识别机器人的组装和搭建，如图 3-10 所示。

（2）使用 PC 编程软件"机器学习－图像学习"识别功能，通过图像识别采集手势数据，添加不同分类并命名，训练模型并下载模型至主机。

（3）编写手势识别程序并下载至主机，如图 3-11 所示。

图 3-10　手势识别机器人的组装和搭建

> **小贴士：手势识别控制程序解释**
>
> （1）开启手势识别模式。
>
> （2）设置手势识别阈值为 50。
>
> （3）执行 while-true 循环。
>
> （4）检测 5 种不同手势，分别执行不同电机动作。

（4）在主机选择下载好的程序并执行，进行手势识别控制调试与体验。

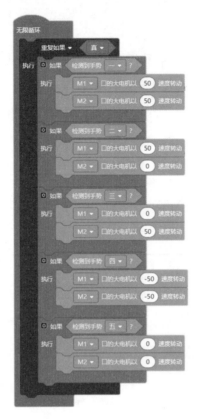

图 3-11 手势识别程序

## 我的小成就

根据自己对机器视觉的掌握情况，给表 3-2 中的五角星涂上颜色。

表 3-2 机器视觉星级评价表

| 评价内容 | 评分 |
|---|---|
| 了解机器视觉的原理 | ☆ ☆ ☆ ☆ ☆ |
| 了解机器视觉发展的历程及应用 | ☆ ☆ ☆ ☆ ☆ |
| 实现机器人手势识别调试与控制 | ☆ ☆ ☆ ☆ ☆ |

**AI 爱创新**

所谓机器视觉，并不仅仅是人眼的简单延伸，更重要的是要具有人脑的一部分功能——从客观事物的图像中提取信息，进行处理并加以理解，最终用于生活中。这项技术从 20 世纪发展至今，不断创新发展。畅想一下你需要什么样的机器视觉？

_____

_____

_____

_____

# 第二课　智能感知简介

感知智能即视觉、听觉、触觉等感知能力，如图 3-12 所示，人们能够通过各种智能感知能力与自然界进行交互。感知智能是指将物理世界的信号通过摄像头、麦克风或者其他传感器的硬件设备，借助语音识别、图像识别等前沿技术，传输到数字世界，再将这些数字信息进一步提升至可认知的层次，如记忆、理解、规划、决策等。

图 3-12　人类感知系统

## 聪明的大脑

近年来，很多地方出现了暴雨等极端天气，如图 3-13 所示，因为暴雨频发而出现车辆或人员溺水的现象。图图和同学们，能否设计一个水位监测和预警装置，来进行水位预警以提醒路人？

图 3-13　人员溺水的现象

## AI 大挑战

任务一：辨识智能传感器

随着新技术革命的到来，世界开始进入信息时代。要获取大量人类感官无法直接获取的信息，没有相适应的传感器是不可能的。传感器给人工智能以"眼"去看世界，给它们一个"好耳朵"，赋予人工智能"对事物的敏锐触觉"。在很多方面，传感器都在赋予人工智能以"超人"的能力。图 3-14 所示为智能家居中的各种传感器。

智能科技已经深入人们的生活中，大到整个楼宇系统的控制，小到一张小小的门禁卡都体现了智能时代。而这些系统和工具里都隐藏着重要的器件，就是传感器。人们生活中处处都有传感器的身影，你知道吗？如表 3-3 所示。

图 3-14 智能家居中的各种传感器

表 3-3 常见传感器的原理及应用

| 传感器名称 | 原 理 | 现实应用场景 |
|---|---|---|
| 温度传感器 | 温度传感器由对温度变化极为敏感的材料进行温度值测定，并将其转换成输出信号 | 空调、智能手环、手机等 |
| 超声波传感器 | 超声波传感器是将超声波信号转换成其他能量信号（通常是电信号）的传感器 | 主要应用于机器人避障，如扫地机器人 |
| 烟雾传感器 | 烟雾传感器的工作原理就是通过内部的粉尘传感器对空气中烟雾的浓度进行检测 | 对火灾进行预警，PM2.5 的检测等 |
| 陀螺仪 | 陀螺仪能提供准确的方位、水平、位置、速度和加速度等信号 | 手机中的体感技术，还有 VR 视角的调整、无人机用来感知自身方向等 |
| 水位监测报警器 | 水位监测报警器使用固态传感器，用于检测导电液体的存在 | 当遇到暴雨或者洪水时，如果水位超过标准的数值，报警器就会发出声响 |

**机智过人：手机中的传感器**

　　摇动手机就可以控制赛车方向；拿着手机在操场散步，就能记录你走了几千米？这些你越来越熟悉的场景，都少不了天天伴你身旁的智能手机。而手机能完成以上任务，主要都是靠内部安装的传感器。

　　你知道手机中的传感器有哪些？它们是依据什么原理来运行的？

_____

_____

_____

_____

　　在人工智能系统迅速发展的今天，智能感知在诸多领域取得了辉煌的成就，如机器视觉、指纹识别、目标识别、人脸识别、掌纹识别、态势感知、智能搜索等领域。

　　任务二：走近奇妙的仿生感知

　　自然界中的动物、植物和微生物都是成熟的工程师，它们拥有无与伦比的感知能力，很多地方都值得人们学习和研究。

　　我们生活中哪些感知系统应用了仿生原理？下面带你走近奇妙的仿生学与智能感知。

　　1. 蝙蝠与雷达

　　如图 3-15 所示，在夜间，或者人为地将蝙蝠双眼遮挡住，蝙蝠依然可以自由飞翔，躲避障碍物。科学家根据蝙蝠回声定位探路的办法，发明出来了雷达。雷达的作用很广，我们常坐的飞机，就离不开雷达的帮助，驾驶员从雷达的电子仪表上，能够看清楚前方是否有障碍物，以及确定航向。

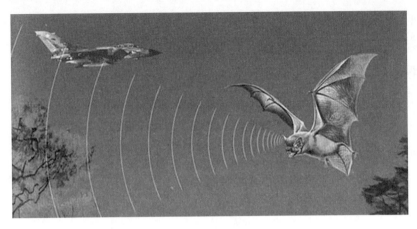

图 3-15　蝙蝠与雷达

2. 苍蝇与蝇眼透镜

如图 3-16 所示，苍蝇的眼睛是一种"复眼"，由 3000 多只小眼组成，人们模仿它制成了蝇眼透镜。

图 3-16　苍蝇的"复眼"

### 3. 青蛙与电子蛙眼

科学家根据蛙类的视觉原理，研究出来了一种电子蛙眼。这种电子蛙眼的确能像蛙眼一样准确无误地识别出目标的形状。在现实生活中，电子蛙眼还广泛应用在机场及交通要道上。在机场，它能监视飞机的起飞与降落，若发现飞机有发生碰撞的潜在隐患，能及时发出警报。在交通要道上，它能指挥车辆行驶，防止车辆碰撞事故的发生。

随着时间的推移，仿生学方面已经取得了巨大的成就，大自然作为一个天然宝库，为人们提供了巨大的灵感，并成为众多创新的源泉。

> **机智过人：**
>
> 自然界是人类学习的宝贵资料库，还有哪些仿生学可以应用在智能感知方向上？谈一谈你的想法。
>
> _____
>
> _____
>
> _____
>
> _____

## 大显身手

**实践与探究——基于视觉的水位预警装置**

下面设计一台使用视觉监测水位并发出预警提示的仪器。将机器人放在监测平台上，水面上放置红色漂浮物，当水位上升时漂浮物也一同上升，当机器人识别到红色时发出预警。图 3-17 所示为水位预警装置示意图。

——不要在流水中行走，15 厘米深度的流水就能使人跌倒

图 3-17　水位预警装置示意图

## 准备好了

（1）工具（设备）：计算机或手机、编程软件等。

（2）材料：人工智能机器人、视觉传感器。

## 奇思妙想

实践步骤如图 3-18 所示。

图 3-18　实践步骤

## 实践步骤

（1）运用机器人零件，进行水位预警机器人的组装和搭建，如图 3-19 所示。

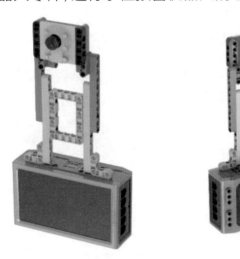

图 3-19　水位预警机器人的组装和搭建

（2）程序流程图如图 3-20 所示，编写机器人水位预警程序并下载至主机，如图 3-21 所示。

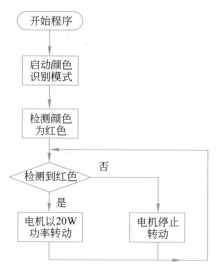

图 3-20　程序流程图

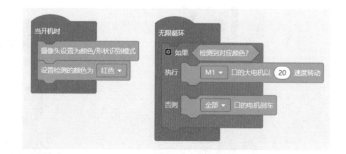

图 3-21　水位预警程序

小贴士：水位预警控制程序解释

（1）将摄像头设置为颜色检测模式。

（2）当识别到对应颜色时控制电机转动，启动警报作用。

（3）否则电机停止转动。

（3）在主机选择下载好的程序并执行，进行水位预警装置调试与体验。

## 我的小成就

根据自己对智能感知的掌握情况，给表 3-4 中的五角星涂上颜色。

表 3-4  智能感知星级评价表

| 评 价 内 容 | 评　分 |
|---|---|
| 了解常见的智能传感器 | ☆ ☆ ☆ ☆ ☆ |
| 领悟仿生感知在生活中的应用 | ☆ ☆ ☆ ☆ ☆ |
| 实现水位预警装置设计与调试 | ☆ ☆ ☆ ☆ ☆ |

## AI 爱创新

图图和同学们在学校劳动课中，学习和体验了种植农作物，在这个过程中他们体会到农业种植的辛苦而且效率很低，图图和同学们讨论能否将所学的智能传感器应用到农业种植中，以提高农业种植效率。

请思考可以将哪些智能传感器应用到智慧农业上。

_____

_____

_____

_____

# 第三课　智　慧　语　音

　　语言是人与人之间最重要的交流方式，能与机器进行自然的人机交流，是人类一直期待的事情。我们知道当声音通过媒介传到人的耳朵里，大脑会对语音进行处理并形成自己的理解，然后用语言或者行动应答。那么计算机是如何听懂人类语言的？这就要靠人机交互的重要技术——语音识别技术。图 3-22 所示为智慧语音。

图 3-22　智慧语音

## 聪明的大脑

　　图图发现生活中的很多地方都用到了语音识别，他很想知道机器是如何"听懂"人说话的。

## AI 大挑战

任务一：了解语音识别的原理

　　语音识别技术的发展为人们的工作和生活都提供了便利，很多烦琐步骤依靠一条语音指令即可完成。现如今智能家居处于发展初期，但依靠语音识别技术已经能够完整搭建一套智能家居系统。未来，语音识别技术会在各个方面展现出更多可能性，图 3-23 所示为语音识别。

图 3-23　语音识别

**机智过人:**

　　我们在生活中经常使用手机的语音助手,例如拨打电话、打开应用、查天气、定闹钟、发短信、导航、记事、语音搜索等。

　　除了手机的语音助手,你身边的哪些地方也应用到了智慧语音技术?

_____

_____

_____

　　语音识别技术就是让机器通过识别和理解过程,把语音信号转变为相应的文本或命令的技术。语音识别技术主要包括特征参数提取技术、模式匹配及模型训练技术等。语音识别技术的一般过程如图 3-24 所示。

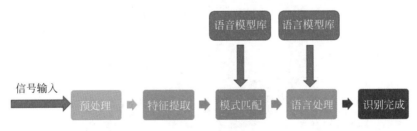

图 3-24　语音识别技术的一般过程

20 世纪 50 年代，AT&T 贝尔实验室研发的 Audry 系统是世界上第一个可以识别 10 个英文数字的语音识别系统。20 世纪 80 年代末，语音识别研究取得了重大突破，解决了大词汇量、连续语音和非特定人这三大障碍，首次把这三个特性都集成在一个系统中，比较有代表性的是卡内基梅隆大学研发的 Sphinx 系统。20 世纪 90 年代前期，各大公司都斥巨资进行语音识别系统的实用化研究。

语音识别技术发展至今，在识别精度上已经达到了相当高的水平，能够满足人们日常应用的需求，很多手机、智能音箱、计算机都已经带有语音识别功能，十分便利。

## 任务二：探寻语音技术应用

语言是人类相互交流最常用、最有效、最重要和最方便的通信形式，语音是语言的声学表现，与机器进行语音交流是人类一直以来的梦想。随着计算机技术的飞速发展，语音识别技术也取得突破性的成就，人与机器用自然语言进行对话的梦想逐步接近实现。语音识别技术的应用范围极为广泛，如图 3-25

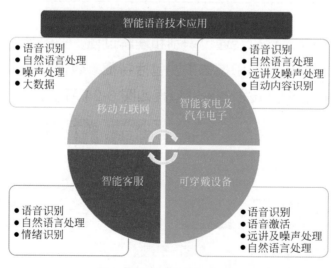

图 3-25　语音识别应用

所示，涉及日常生活的方方面面，例如语音对话机器人、智能音箱、语音助手、互动工具等层出不穷。

## 大显身手

实践与探究——语音识别控制

语音识别是非常火的一个人工智能功能。下面我们运用语言识别技术，使用机器学习声音进行检测，当检测到不同语音指令时，机器人完成前进、后退、停止等动作。

## 准备好了

（1）工具（设备）：计算机或手机、编程软件等。

（2）材料：人工智能机器人。

## 奇思妙想

实践步骤如图 3-26 所示。

图 3-26　实践步骤

## 实践步骤

（1）运用机器人零件，进行语音识别机器人的组装和搭建，如图 3-27 所示。

（2）使用 PC 编程软件"机器学习 – 声音学习"功能，通过麦克风采集声音数据，添加不同分类并命名，训练模型并下载模型至主机，如图 3-28 所示。

图 3-27　语音识别机器人的组装和搭建

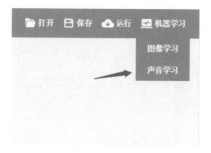

图 3-28　下载模型至主机

　　首先打开声音学习选项，单击上方的铅笔修改指令名称，然后单击"长按录制音频"的同时说出前进指令的语音。例如说前进，反复多录制几次，录制越多识别越准确。注意文件名称支持中文，如图 3-29 所示。

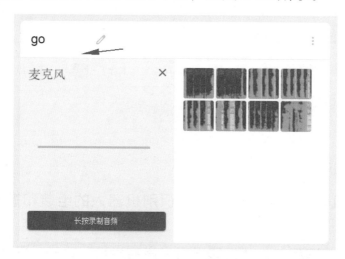

图 3-29　声音学习录制图

使用同样的方式更改名称及录制后退指令，单击"开始训练"按钮将采集到的语音进行机器学习，如图 3-30 所示。

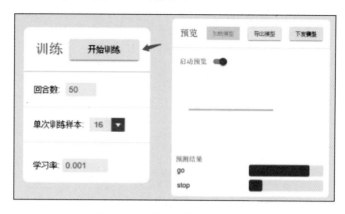

图 3-30　机器学习示意图

学习完成后，右侧的预览里可以测试学习的语音指令，如图 3-31 所示。

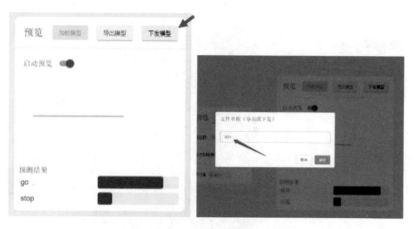

图 3-31　语音指令测试图

（3）程序流程图如图 3-32 所示。编写语音识别程序并下载至主机，如图 3-33 所示。

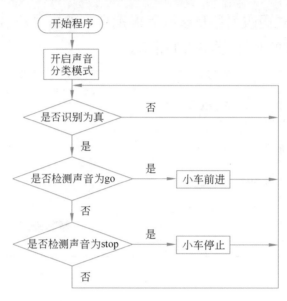

图 3-32　程序流程图

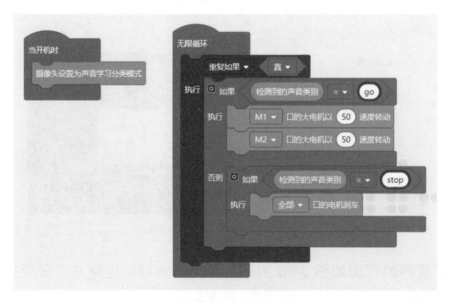

图 3-33　程序示意图

> **小贴士：语音识别控制程序解释**
>
> （1）开启声音学习分类模式。
>
> （2）执行 while-true 循环。
>
> （3）设置检测声音类别变量文本。
>
> （4）分别设置 1、2、3 和 4 四种不同动作（包含背景噪声）。
>
> （5）完成前进、后退、停止等动作。

（4）在主机选择下载好的"机器学习模型"，执行程序，进行语音识别控制调试与体验。

## 我的小成就

根据自己对智慧语音的掌握情况，给表 3-5 中的五角星涂上颜色。

表 3-5 智慧语音星级评价表

| 评 价 内 容 | 评 分 |
| --- | --- |
| 领悟语音识别的原理 | ☆ ☆ ☆ ☆ ☆ |
| 了解语音识别在生活中的技术应用 | ☆ ☆ ☆ ☆ ☆ |
| 实现机器人语音识别调试与控制 | ☆ ☆ ☆ ☆ ☆ |

## AI 爱创新

我们在生活和学习过程中经常遇到很多生僻字，为了更好地摆脱生僻字和拼音障碍，大家能否找到一款语音识别工具来解决这一类问题？

_____

_____

_____

# 第四单元
# 迎接智能时代

## 学习目标

（1）了解人工智能在社会中的发展，感悟人工智能与人类、社会、环境之间的关系。

（2）体验智能穿戴、虚拟现实等智能交互系统，提升智能系统的使用能力。

（3）体验无人机等自主无人系统，并尝试设计避障无人车，提升智能硬件设计能力及工程思维。

智能时代是智慧融入物理世界的新时代，利用5G、物联网、云计算、大数据等技术，将人类智慧融入物理系统，从而使一切都智能化。现在的人类正处于从信息时代向智能时代过渡的阶段。

本单元将从人机共存、智能交互系统、智能无人系统等方面出发，了解人工智能的发展及未来趋势，图 4-1 所示为智能时代办公图。

图 4-1　智能时代办公图

# 第一课 人机共存

近年来，人工智能的概念火遍全球，"AI+汽车""AI+医疗""AI+零售"，几乎所有行业都参与了人工智能技术的研发，许多突破人类思维的产品也——问世，还有更多的产品正在酝酿生成。然而，随着人工智能领域技术的飞速发展，人工智能如何与人类和谐共存，也引起了很多人的思考与担忧。图4-2所示为机器人阅读。

图 4-2 机器人阅读

## 聪明的大脑

在电影《流浪地球》中，领航员空间站核心智能主机剔除了感性思维意识，独留理性算法。在判定地球被木星捕获、无法逃离时，断然宣布"流浪地球计划"失败，放弃地球35亿人，转而开始执行"火种计划"。冰冷地执行着机器的逻辑，丝毫没有人类的温情。

图图和同学们看过电影之后感触很深，人工智能会不会"形成自我意识，毁灭人类"？我们应该如何与人工智能和谐共存？

## AI 大挑战

### 任务一：人与机器共成长

在未来，如果人工智能能够诞生机械革命，那么人工智能是否还能够像以前一样服务于人类呢？在现阶段，我们从 AlphaGo 中便可窥见人工智能强大的智慧，那么在未来，如果诞生真正意义上的机械生命，人工智能的强大将会无法想象。有人曾提出，在人工智能的发展中会有一个奇点，越过这个奇点就可以通过图灵测试，当人工智能越过这个奇点后，科技会突然爆发，瞬间产生了意识，可以迅速吸收人类文明，并且根据大量数据发展出"他们"的文明，或认为人类构成威胁从而选择摧毁人类。

人工智能技术的发展给人们的日常生活提供了许多便利，也为人类的进步创造了条件，同时也带来了新的挑战。有人认为，我们拥有了人工智能，就等于拥有了大量不怕苦不怕累的廉价劳动力。也有人认为，人工智能看起来的确很美好，但实际上非常危险，我们人类必须小心。一些科学家不断发出警告，呼吁我们要警惕人工智能的潜在风险，限制人工智能的研究。

> **知识充电站：图灵测试**
>
> 图灵测试最早出现在 1950 年图灵发表的一篇题为《计算机械和智能》的论文中，是判断机器是否具有人工智能的一套方法。而图灵测试是人工智能最初的概念，它甚至早于"人工智能"这个词本身。"人工智能"一词是在 1956 年才被

提出的。图灵测试的方法很简单，就是让测试者与被测试者（一个人和一台机器）隔开，通过一些装置（如键盘）向被测试者随意提问。进行多次测试后，如果有超过 30% 的测试者不能确定出被测试者是人还是机器，那么这台机器就通过了测试，并被认为具有人工智能。它的发明者图灵被誉为计算机科学之父、人工智能之父。

人工智能技术在给人们带来便利的同时会不会危害人类？我们到底要不要发展人工智能技术？如何应对人工智能技术给人类社会带来的挑战？请首先阅读以下材料，并利用课余时间查找其他相关资料，分组完成学习活动。

**拓展阅读**

<h3 align="center">人工智能技术对人类社会的影响</h3>

1. 大量人工将被替代

人工智能所带来的自动化会极大地提高生产率，节约人工成本。一些低技术含量的体力劳动将被人工智能代替。随着人工智能的发展，智能机器人将开始和人竞争工作，势必会对从事中低级技术工种的人造成极大的失业风险。图 4-3 所

图 4-3　智能机器人和人抢工作

示为智能机器人和人抢工作。

2. 机器人安全问题

无人驾驶汽车渐渐走进现实。无人驾驶汽车技术的出现，可以使车祸大幅减少，同时降低交通拥堵。但伟大的技术背后往往也暗藏忧患。

2016 年 5 月 7 日，无人驾驶汽车发生致命车祸，一时引起人们对于无人驾驶技术的恐惧和担忧。2009—2016 年，谷歌研究无人驾驶技术已有 7 年，但依然很难保证实现真正的无人驾驶。更大的隐患是，由工程师们开发出来的自动驾驶系统，后台程序到底由谁控制？与所有系统或软件一样，程序都会有漏洞，一旦别有用心的人利用这些漏洞进行犯罪，或者黑客入侵系统，对于生命的危害风险将是极大的。

3. 智能机器人的伦理

人工智能技术推动智能机器人加速到来。未来的智能机器人将完全有能力自主行为，不再是为人类所使用的被动工具。这一转变需要对人工智能提出新的伦理要求。在设计智能机器人时，人们需要对它提出法律、伦理等方面的要求，确保其做出像人类一样合理、合法的行为。

假如无人驾驶汽车快要撞上另一辆汽车，那辆车里坐着三个人。它可以转弯闪开，但这样就会撞上人行道上的一个孩子。它该如何选择？法律方面的问题也极为棘手。如果无人驾驶汽车发生交通事故，责任到底如何认定？机器人并不是人，按照现有法律，当无人车发生事故，也许我们只能追究生产无人车的厂商。

4. 智能机器人的权利

毫无疑问，未来人类与智能机器人的关系将会越来越密切，由此也引发了是否应该赋予智能机器人权利的问题。从倡导动物权利的思想和未来智能机器人的自主性来看，赋予智能机器人权利是合理的，但必须对它的权利进行限制。

任务二：重塑学习方式

伴随着自然语言理解、表情识别、教育大数据、虚拟现实及机器人等技术的飞速发展及应用，学习组织可以由人类学习者扩展为学习者和智能机器人的复合体，自主学习、互动学习、人机协同学习、多元学习等方式将会更多地出现在学习过程中。那么，人工智能将会怎样丰富人们的学习方式呢？

1. 提供个性化服务的学习资源

相较于传统"千人一面"的学习资源库，人工智能技术构建的资源库的资源推送更加贴近学习者的需求，实现"千人千面"。在人工智能技术支持下，可以充分尊重学习者的差异，支持学习者依据自身实际情况定制学习的科目、课程或知识点，满足其个性化需求。借助大数据分析技术的表情特征分析有利于把握学习者的实时状况，并快速做出决策，从而为学习者提供合适的学习资料及指导帮助，服务于学习者的动态学习需求。

2. 应用 VR 技术的仿真虚拟课堂

如图 4-4 所示，人工智能技术对学习环境的影响将是全方位的，无论是传

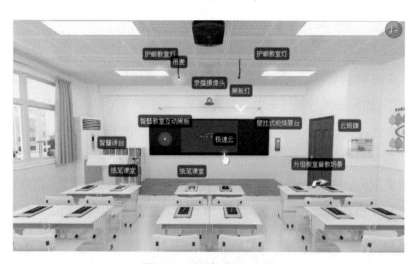

图 4-4　仿真虚拟课堂

统教室还是在线学习平台。人工智能技术将全面升级传统的教室环境，通过收集温度、光线、声音等参数创建一个包含虚拟视觉、听觉、触觉在内的全面感知学习场所。针对在线学习平台，人工智能技术与虚拟现实技术、5G 技术等相结合，可以为学习者建构一个具有智能性和交互性的虚拟课堂。

3. 学习陪伴机器人

人工智能以更自然的方式融入人类社会，作为一种"伴侣"而存在，人工智能可以具象化为一种智能陪伴（Artificial Companion，AC），从而诞生出教育机器人。教育机器人主要用于对学生的智能陪伴和陪学。学生在学习时，教育机器人可直接讲授或即时回答学生提出的问题，感知并调整学生的情绪，这类机器人往往兼具玩具和学习工具的功能。

---

**小试牛刀：**

　　认真观察自己的学习生活，想一想随着人工智能的发展，我们还有哪些学习方式发生了改变？请你列举出来，并与同学们一起讨论。

_____

_____

_____

---

## 大显身手

学习活动——辩论赛

对于人工智能技术，你是如何看待的？相信大家心中有不同的答案和观点。下面请同学们分组辩论。第一组支持人工智能的发展，认为人工智能产品能给人们带来很多便利；第二组反对人工智能技术的发展，认为滥用人工智能技术会给人类带来风险。请同学们查找相关的资料，进行辩论，并填写表 4-1。

表 4-1  人工智能产品的利与弊

| 人工智能产品的利与弊 | |
| --- | --- |
| 人工智能技术给人们带来的方便 | 人工智能技术的潜在风险 |
|  |  |

## 我的小成就

根据自己对人机共存的掌握情况，给表 4-2 中的五角星涂上颜色。

表 4-2  人机共存星级评价表

| 评 价 内 容 | 评　分 |
| --- | --- |
| 认识到人工智能产品给人们带来便利的同时，也带来了新的挑战 | ☆ ☆ ☆ ☆ ☆ |
| 具有应对人工智能技术的潜在风险的意识 | ☆ ☆ ☆ ☆ ☆ |
| 能够认真观察学习生活，发现学习方式的改变 | ☆ ☆ ☆ ☆ ☆ |

## AI 爱创新

未来我们应如何正确看待人工智能呢？

> **思考与讨论：**
>
> 理性看待社会对人工智能的看法
>
> 人工智能作为一种具有极大前景的技术，人们对它的讨论众多。其中，既有乐观的看法，也有恐惧的言论。表 4-3 列举了一些人们对人工智能的典型看法，请结合前面学习的知识，对相关问题进行思考。

表 4-3 人们对人工智能的一些典型看法

| 看 法 | |
| --- | --- |
| 看法一 | 我们已经拥有原始形式的人工智能，但人工智能进一步发展，则会取代人类，成为新的物种，并最终导致人类的终结 |
| 看法二 | 未来一定不是机器代替人，而是人机耦合，机器和人必须是协同的 |
| 看法三 | 机器通过人类给予的数据进行学习，它也就无可避免地习得人类所拥有的偏见，并不断在安全、隐私、公平等方面挑战人类的伦理原则 |
| 看法四 | 未来几十年，人工智能将会发展成人类的心头大患。但如果我们能够很好地驾驭，人工智能可以为人类造福 |
| 看法五 | 人类总是畏惧人工智能会在未来失控，从而伤害人类，但人工智能确实也能够挽救人类的生命 |

**分析思考：**

一项新技术诞生，往往具有积极、消极两方面的影响。你认为政府和个人该如何应对这些影响呢？

# 第二课　智能交互系统

人机交互的本质是共在。人和物之间的关系是人工智能研究的一个重要的方向，人把自己的优点与机器的长处结合在一起，形成了一个交互的、实质性的人机融合智能或人机混合智能，即把人的智慧和机器的智能结合在一起，形成一个更有力的、支撑性的发展趋势，图 4-5 所示为智能交互系统。

图 4-5　智能交互系统

**聪明的大脑**

现如今人机交互的技术领域逐渐向智能化发展，如我们所用的手机智能语音、智能家居等技术就是十分典型的人机交互功能的应用，相信在未来会出现越来越多结合机器视觉人工智能机器控制的机器人，为我们带来更加流畅的人机交互体验。

图图在体验家中的很多智能家居的过程中，对其非常感兴趣，同时图图对于智能交互的发展和应用有一些疑惑。

## AI 大挑战

任务一：了解智能交互的发展

人机交互指的是人与计算机或机器设备之间应用某种方式或者某种语言进行一定程度上的交流，而人机交互在我们的日常生活中也极为常见，小到收音机按钮、计算机开关键，大到汽车方向盘、航天器控制舱，都可以理解为人机交互。就如同 AlphaGo 围棋系统一般就是借助智能感知、人工智能、深度学习等功能并进行围棋运算，进而实现人机交互的目的。

人机交互的发展历程如图 4-6 所示。

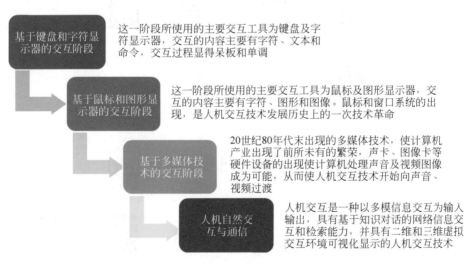

图 4-6 人机交互的发展历程

**机智过人：**

　　收集家中的家用电器，并分析其属于人机交互的哪个阶段。

_____

_____

_____

### 任务二：走近智能穿戴设备

　　如图 4-7 所示，智能穿戴设备是应用穿戴式技术对日常穿戴设备进行智能化设计，开发出可以穿戴的设备的总称，如手表、手环、眼镜、服饰等。穿戴式智能设备时代的来临意味着人的智能化延伸。通过这些设备，人可以更好地感知外部与自身的信息，能够在计算机、网络甚至其他人的辅助下更为高效率地处理信息，能够实现更为无缝的交流。

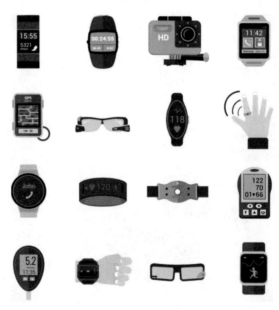

图 4-7　智能穿戴设备

智能穿戴设备产业涉及的技术范围较广，包括传感技术、显示技术、芯片技术、操作系统、无线通信技术、数据计算处理技术、提高续航时间技术、数据交互技术等。智能穿戴设备林林总总、五花八门，已经从幻想走进现实，它们的出现将极大地改变现代人的生活方式。

　　1. 智能眼镜

　　如图 4-8 所示，智能眼镜可通过语音或动作操控完成添加日程、地图导航、与好友互动、拍摄照片和视频、与朋友展开视频通话等功能，并可以通过移动通信网络来实现无线网络接入的这样一类眼镜的总称。它是最近几年被提出而且是极被看好的可穿戴智能设备之一。其具有使用简便、体积较小等特点，公众普遍认为智能眼镜的出现将会方便人们的生活。

　　智能眼镜的研发将会成为人类科技史上的又一个重要的跨越性发展，它不仅是一个让人热血沸腾的产品，而且将会给人们的生活带来巨大的变化。智能眼镜大致有图 4-9 所示的几种核心功能。

图 4-8　智能眼镜

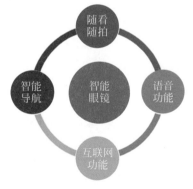

图 4-9　智能眼镜的功能

　　2. 智慧医疗

　　如图 4-10 所示，智慧医疗前景广阔，很可能是一项在根本上改变人类医疗健康的新技术。一方面，我国人口老龄化造成医疗需求急剧增长；另一方面，我国医疗资源供给严重短缺，尤其在偏远地区。供需缺口为移动医疗带来机遇，而移动互联网和大数据的高速发展又为移动医疗的发展提供了必要条件。

图 4-10　智慧医疗

智能可穿戴医疗的应用如下。

1）实时监测

智能可穿戴医疗健康设备能够为用户提供实时健康监测数据，让用户实时了解个人身体健康状况。智能可穿戴医疗健康设备节省用户去医院检查和测量的费用，同时也降低了用户的使用成本和时间成本。智能可穿戴医疗健康设备提供的实时监测，尤其适合当前医疗领域在慢性病管理上的需求。

2）医疗大数据

智能可穿戴医疗健康设备的进一步应用，将实现对用户健康数据大量级别的采集，为医疗大数据应用分析提供了重要支撑。医疗大数据不仅将为医药研发部门的科学决策提供依据，同时支撑用户更加个性化的医疗服务。

> **知识充电站：脑机接口**
>
> 　　脑机接口（Brain Computer Interface，BCI）指在人或动物大脑与外部设备之间创建的直接连接，实现脑与设备的信息交换。
>
> 　　2020 年 7 月 17 日，Space X 及特斯拉创始人埃隆·马斯克召开发布会，宣布成立两年的脑机接口公司 Neuralink 的脑机接口技术获重大突破，该公司已经找到了高效实现脑机接口的方法。这实际上是一套脑机接口系统：利用一台神经手术机器人向人脑中植入数十根直径只有 4~6 微米的"线"及专有技术芯片和信息条，然后可以直接通过 USB-C 接口读取大脑信号。与以前的技术相比，新技术对大脑的损伤更小，且传输的数据更多。

任务三：探寻虚拟现实与人机交互

　　近年来，计算机的发展趋势之一是形态的多样化与应用情境的复杂化，自然交互日益成为人机交互的重要发展方向之一。虚拟现实（Virtual Reality，VR）是新兴计算机形态之一，是自然交互的重要组成部分。虚拟现实、增强现实（Augmented Reality，AR）技术逐渐进入人们的日常生活。在应用方面，除了常见的 VR 视频以外，VR 和 AR 技术在教育、医疗等领域也有着广泛应用。

> **知识充电站：元宇宙**
>
> 　　"元宇宙"这个词源于 1992 年尼尔·斯蒂芬森的《雪崩》，这本书描述了一个平行于现实世界的虚拟世界："戴上耳机和目镜，找到连接终端，就能够以虚拟分身的方式进入由计算机模拟、与真实世界平行的虚拟空间。"
>
> 　　可以认为元宇宙是在传统网络空间基础上，伴随多种数字技术成熟度的提升，构建形成的既映射于、又独立于现实世界的虚拟世界。同时，元宇宙并非一个简单的虚拟空间，而是把网络、硬件终端和用户囊括进一个永续的、广覆盖的虚拟

现实系统之中，系统中既有现实世界的数字化复制物，也有虚拟世界的创造物。

元宇宙的基本特征包括沉浸式体验、虚拟化分身、开放式创造、稳定化系统。

"纸上得来终觉浅，绝知此事要躬行。"如图 4-11 所示，虚拟现实技术能够提供很多难以进行实际操作的场景。可以想象一下 VR 技术进入校园，通过对 VR 技术的使用，能让我们的学习方式不再单调，可以让知识不再局限于书本上，当书本上的知识能跳出书本，跟我们进行互动，让大家能够真正地沉浸在知识的海洋中。

图 4-11　虚拟现实技术

**机智过人：**

在我们的学习过程中，VR 技术可以与哪些课程结合发挥作用？

_____

_____

## 我的小成就

根据自己对智能交互系统掌握的情况，给表 4-4 中的五角星涂上颜色。

表 4-4　智能交互系统星级评价表

| 评 价 内 容 | 评　分 |
| --- | --- |
| 领悟智能交互的发展 | ☆ ☆ ☆ ☆ ☆ |
| 了解智能穿戴设备及其应用 | ☆ ☆ ☆ ☆ ☆ |
| 了解虚拟现实与人机交互 | ☆ ☆ ☆ ☆ ☆ |

## AI 爱创新

在很多科幻电影中，都会出现人与机器的无障碍交流，试着畅想未来的人机交互会是什么样的场景。

_____

_____

_____

# 第三课　自主无人系统

人工智能的发展如火如荼，与此同时，自主无人控制系统发展加速。自主无人系统是能够通过先进的技术进行操作或管理而不需要人工干预的系统。自主无人系统是由机械、控制、计算机、通信、材料等多种技术融合而成的复杂系统。自主无人系统可应用到无人飞行器、无人驾驶车辆、服务型机器人、空间机器人、海洋机器人、无人车间、智能工厂等场景中，并实现降本增效的作用。

自主性和智能性是自主无人系统最重要的两个特征。人工智能无疑是发展智能自主无人系统的关键技术之一。利用人工智能的各种技术，如图像识别、人机交互、智能决策、推理和学习，是实现和不断提高系统这两个特征的最有效的方法。图 4-12 所示为无人仓储系统与无人驾驶系统。

图 4-12　无人仓储系统与无人驾驶系统

## AI 大挑战

任务一：了解智能无人飞行器

无人机（Unmanned Aerial Vehicle，UAV）是利用无线电遥控设备和自备的程序控制装置操纵的智能空中机器人。无人机系统一般由飞机平台系统、有效载荷系统和地面控制系统三大部分组成。有效载荷系统是无人机搭载的各种任务设备，如雷达、发射机、摄像机等。地面控制系统是人和无人机有效沟通的枢纽。图 4-13 所示为智能无人飞行器。

路上小心呀！

放心吧！我认识路！

图 4-13　智能无人飞行器

**机智过人：**

　　大家一定在学校或者公园广场这些地方的上空见到过航拍无人机在拍摄学校和公园的全景，但是无人机会的可不止航拍，你还知道无人机在生活中的哪些应用？

_____

_____

_____

### 无人机集群化发展

　　多架无人机编队的飞行表演，在国内并非首次。2017 年 2 月 11 日，1000 架无人机编队曾在同一地点以夜空为幕，如图 4-14 所示，描画了金鸡报晓、喜迎新年、福从天降、祖国河山等有美好寓意的光影作品。

　　集群是生物的一种集体行为。如图 4-15 所示，向南迁徙的大雁、分工协

图 4-14　多架无人机编队的飞行表演

93

作的蜜蜂、海中觅食的鱼群，都是典型的集群行为。从外观上看，集群就是一群生物个体聚集在一起，兜圈或朝特定方向行动。

图 4-15　动物的集群行为

无人机集群，指借鉴自然界的自组织机制，使具备有限自主能力的多架无人机在没有集中指挥控制的情况下，通过相互间信息通信产生整体效应，实现较高程度的自主协作，从而能在尽量少的人员干预下完成预期的任务目标。

自主集群飞行技术具有表 4-5 中所列的三个重要特点。

表 4-5　自主集群飞行技术的三个重要特点

| 特点 | 说　　明 |
| --- | --- |
| 无中心化 | 没有一个个体处于中心控制主导飞行的地位。一旦有任何一个个体消失或丧失功能，整个群体依然有序地飞行 |
| 自主化 | 飞行期间无人为操控，所有个体只控制自身飞行、观察邻近个体位置，但不对任何其他个体产生主观影响作用 |
| 自治化 | 所有个体自然形成一个稳定的集群结构，一旦有任何一个个体因丧失功能脱离群体或因任何原因改变群体结构位置，新的集群结构排列会快速自动形成并保持稳定 |

随着人工智能、自主技术的深化应用，无人机集群系统已成为无人机的一个重要发展方向。通过紧密协作，无人机集群系统可以体现出更加卓越的协调性、智能性和自主性。

### 任务二：走近航天自主无人系统

在空间探测领域，环境非常复杂、人员操作非常困难，绝大部分系统属于智能自主控制系统，如在轨操作任务自主决策的多臂机器人协同控制技术，基于深度沉浸感的大时延条件下空间机器人深度学习及远程遥控操作技术，以及可更换智能航天器系统自主识别与重构技术，图 4-16 所示为月球自主无人车。

#### 1. 运载火箭中的应用

人工智能可以应用在液氧自主无人专家系统中，在航天飞行发射的准备阶段，对航天飞机液氧加注系统进行故障诊断。如果航天飞行在地面操作出现异常，液氧自主无人专家系统就会自动进行诊断，判断出异常的问题，并且及时停止发射。人工智能自动诊断技术有效提高了航天飞行的地面操作安全性，图 4-17 所示为运载火箭。

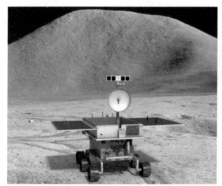

图 4-16　月球自主无人车

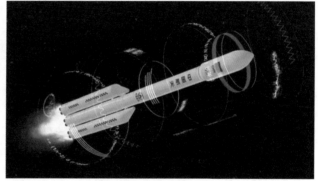

图 4-17　运载火箭

#### 2. 空间站中的应用

空间站在航天领域占据重要的作用，而人工智能在空间中也有一定的应用。空间站如果要长期使用，很多地方需要采用自动化和机器人技术，这些都是以人工智能为基础的衍生。为了减轻空间站搭载科学家的负荷，提高工作效率，很多自主无人技术应用到系统监测和故障修复方面。图 4-18 所示为中国空间站示意图。

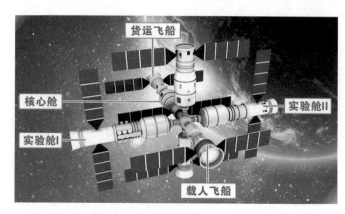

图 4-18　中国空间站示意图

**机智过人：逐梦火星**

　　在太阳系中，火星是地球的"姐妹"，由于地球距离火星太远，火星探测器与地球之间的交流可能需要 15~20 分钟，通信时延非常严重。请思考哪些智能无人技术可以帮助科学家进行火星的探测。

_____

_____

_____

实践与探究——自主避障机器人

　　随着机器人技术的发展，自主移动机器人以其灵活性和智能性等特点，在人们的生活中的应用越来越广泛。自主移动机器人通过各种传感器系统感知外界环境和自身状态，在复杂的已知或者未知环境中自主移动并完成相应的任务。

　　超声波传感器测距作为自主避障机器人实现避障的其中一种方式，其实现避障方便简单，价格低廉。下面我们使用超声波传感器进行障碍物检测，当检测到障碍物时倒退、转弯，完成自动避障。图 4-19 所示为超声波传感器测距示意图。

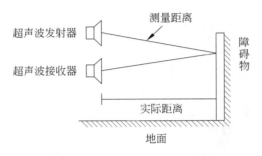

图 4-19　超声波传感器测距示意图

## 准备好了

（1）工具（设备）：计算机或手机、编程软件等。

（2）材料：AI9 人工智能机器人、超声波传感器。

## 奇思妙想

实践步骤如图 4-20 所示。

图 4-20　实践步骤

## 实践步骤

（1）运用机器人零件，进行避障机器人的组装和搭建，如图 4-21 所示。

（2）程序流程图如图 4-22 所示。编写机器人避障控制程序并下载至主机，如图 4-23 所示。

图 4-21 避障机器人的组装和搭建

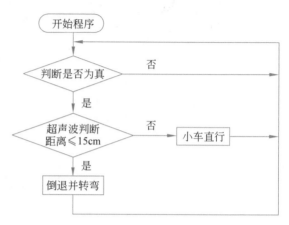

图 4-22 程序流程图

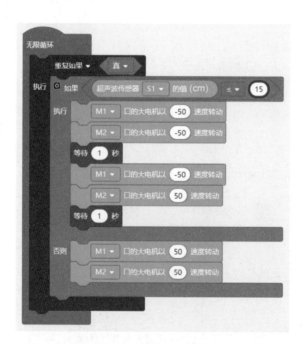

图 4-23 程序示意图

> **小贴士：超声波避障程序解释**
>
> （1）执行 while-true 循环。
>
> （2）设置超声波传感器检测条件。
>
> （3）当与前方物体距离大于 15 厘米时，小车直行。
>
> （4）当与前方物体距离小于或等于 15 厘米时，小车后退并转向。

（3）在主机选择下载好的程序并执行，进行超声波避障机器人调试与体验。

## 我的小成就

根据自己对评价内容的掌握情况，给表 4-6 中的五角星涂上颜色。

表 4-6　评价表

| 评 价 内 容 | 评　分 |
|---|---|
| 了解自主无人系统发展的意义 | ☆ ☆ ☆ ☆ ☆ |
| 了解智能无人飞行器 | ☆ ☆ ☆ ☆ ☆ |
| 感受自主无人系统在航天领域的应用 | ☆ ☆ ☆ ☆ ☆ |

## AI 爱创新

在深海探测领域、极地科考领域等很多地方都不适合人类活动，这些地方都可以应用自主无人系统进行科学考察和实验，请你思考自主无人系统在人类社会的发展过程中可以起到哪些作用。

_____

_____

_____